Meninas-adolescentes
Rituais, corpo e resistência

Cultura, Mídia e Escola

Meninas-adolescentes
Rituais, corpo e resistência

Vanessa Guilherme de Souza

autêntica

Copyright © 2008 by Vanessa Guilherme de Souza

COORDENADORA DA COLEÇÃO
Sandra Pereira Tosta

CONSELHO EDITORIAL
Marco Antônio Dias – Universidade Livre das Nações Unidas; *Tatiana Merlo Flores* – Instituto de Investigación de Medias e Universidade de Buenos Ayres; *Paula Monteiro* – USP; *Graciela Batallán* – Universidade de Buenos Ayres; *Mírian Goldemberg* – UFRJ; *Neusa Maria Mendes de Gusmão* – Unicamp; *Márcio Serelle* – PUC Minas; *Angela Xavier de Brito* – Université René Descartes-Paris V; *José Marques de Melo* – USP e Cátedra UNESCO/Metodista de Comunicação; *Joan Ferrés i Prates* – Universidad Pompeu Fabra-Barcelona

CAPA
Patrícia De Michelis

EDITORAÇÃO ELETRÔNICA
Eduardo Queiroz

REVISÃO
Tucha

Todos os direitos reservados pela Autêntica Editora. Nenhuma parte desta publicação poderá ser reproduzida, seja por meios mecânicos, eletrônicos, seja via cópia xerográfica, sem a autorização prévia da editora.

AUTÊNTICA EDITORA
Rua Aimorés, 981, 8º andar . Funcionários
30140-071 . Belo Horizonte . MG
Tel: (55 31) 3222 68 19
Televendas: 0800 283 13 22
www.autenticaeditora.com.br
e-mail: autentica@autenticaeditora.com.br

Dados Internacionais de Catalogação na Publicação (CIP)
(Câmara Brasileira do Livro, SP, Brasil)

Souza, Vanesa Guilherme de
    Meninas-adolescentes : rituais, corpo e resistência / Vanessa Guilherme de Souza. – Belo Horizonte : Autêntica Editora, 2008.
    Coleção Cultura, Mídia e Escola / coordenadora Sandra Pereira Tosta)

    Bibliografia.
    ISBN 978-85-7526-321-1

    1. Adolescentes (Meninas) – Comportamento 2. Adolescentes (Meninas) – Psicologia 3. Corpo - Construção 4. Educação física feminina I. Tosta, Sandra Pereira. II. Título. III. Série.

08-03939
                      CDD- 796.08352

Índices para catálogo sistemático:
    1. Adolescentes meninas e corpo : Educação física 796.08352
    2. Educação física : Adolescentes meninas e corpo 796.08352

O homem é movimento, o movimento que se torna gesto, o gesto que fala, que instaura a presença expressiva, comunicativa e criadora. Aqui, justamente neste espaço, está a Educação Física. Ela tem que ser gesto, o gesto que se faz, que fala. Não o exercício ou movimento mecânico, vazio, ritualístico. O gesto falante é o movimento que não se repete, mas que se refaz, é refeito dez, cem vezes, tem sempre o sabor e a dimensão de ser inventado, feito pela primeira vez. A repetição criativa não cansa, não esgota o gesto, pois não é repetição, mas criação. Assim ele é sempre movimento novo, diferente, original. Ele é arte.

Santin

Sumário

PREFÁCIO 9

APRESENTAÇÃO 13

INTRODUÇÃO 15

A ANTROPOLOGIA E OS RITUAIS 25

    Rituais na escola 29

    O caráter ritual 32

    A Educação Física Escolar como ritualização 34

CORPO E EDUCAÇÃO FÍSICA 37

    Corpo histórico-"cultural" 37

    A disciplina Educação Física 44

    Educação Física e a cultura corporal de movimento ... 52

OS CAMINHOS DA PESQUISA 57

    Delineamento da investigação 57

    Metodologia 60

A Educação Física na Escola Ilha Bela.................................... 65

Uma análise preliminar.. 77

"À BEIRA DA QUADRA, DA SALA, DO PÁTIO": MEU RITUAL DE OBSERVAÇÃO OU A OBSERVAÇÃO COMO RITUAL.. 79

O sistema ritual... 83

"OLHANDO" AS MENINAS.. 99

As meninas, o estado de quadra e uma cultura do corpo............ 119

CONSIDERAÇÕES FINAIS... 125

REFERÊNCIAS... 131

APÊNDICE.. 139

Prefácio

O que mobiliza e desmobiliza meninas adolescentes nas aulas de Educação Física?

Como, em tempos marcados pela influência da mídia, que aponta a busca incessante por corpos modelares, sarados, tatuados e ágeis à imagem e semelhança das "mulheres mais bonitas do planeta", nas academias, nas clínicas de estética e nas promessas de satisfação plena desses desejos, adolescentes desinvestem ritualmente da busca desse corpo nas atividades físicas oferecidas pelas escolas, especialmente no tempo/espaço das aulas de Educação Física?

Como podemos entender essas e outras tantas questões que dizem respeito ao feminino adolescente, à escola particular que atende a camadas economicamente médias e altas da população, à natureza da Educação Física escolar, seus dilemas e possíveis respostas?

Enfim, é sobre essa temática que envolve a todos, mas que certamente encontra nos adolescentes seu público ou segmento mais cobiçado pela mídia, especialmente pela propaganda, que o livro de Vanessa Guilherme Souza, *Meninas-Adolescentes: rituais, corpo e resistência* trata muito bem.

Ela faz uma abordagem muito bem situada na experiência da autora como mulher e como profissional da Educação Física comprometida com um ensino que não reproduza os modelos tradicionais dessa área de conhecimento (como atividade seja recreativa ou orientada para o treinamento e aperfeiçoamento de aptidões físicas), mas que reinvente seus saberes e fazeres sem perder de vista os contextos culturais nos quais se insere; especialmente no campo escolar.

Experiência que Vanessa acumula há anos em todas as séries do Ensino Fundamental e do Ensino Médio e de inquietações nesse percurso. Por exemplo, a constatação da insatisfação de meninas do Ensino Médio com a disciplina Educação Física e a relação de resistência para com seus corpos nesse espaço disciplinar. E, ao mesmo tempo, a busca incessante dessas adolescentes por um corpo "sarado". Corpo que funciona como um tipo de luta contra a morte simbólica imposta àqueles que não se disciplinam para enquadrar seus corpos aos padrões exigidos na contemporaneidade. A autora percebe também uma procura por espaços não escolares, como clubes e academias, para suas experiências corporais. E nesses espaços era possível a satisfação e algum aprendizado, conforme relatam as adolescentes ouvidas nesse estudo.

Esse conjunto de motivações devidamente refletido e sistematizado permitiu à autora realizar um trabalho inovador, criativo e densamente teórico ao observar, descrever e interpretar um grupo de meninas nas aulas de Educação Física e os modos como elas significam essa vivência, que é atravessada pelas ofertas de constituição de certo corpo em um mercado de bens simbólicos e materiais, cuja configuração é quase toda desenhada e redesenhada pela mídia.

Ao se apropriar de tal desafio e com ele dialogar com referenciais não só da Educação e da Educação Física, mas também da Antropologia, particularmente os estudos sobre rituais, Vanessa não somente nos descortina aspectos originais de uma relação multifacetada e complexa entre cultura, mídia e escola, como também sinaliza para o quanto a Educação Física necessita redefinir seu tempo e seu espaço na escola.

Portanto, este estudo tem como um dos objetivos responder o porquê dessa insatisfação das adolescentes com a disciplina Educação Física e com seus corpos e os saberes que eles contêm, pois carregam consigo uma história e uma subjetividade que poderiam ser interpretadas na escola, se, ao oferecer a possibilidade de movimentos culturais, admitisse à aluna se expressar à sua maneira e perceber por si própria que não se tem um corpo, se é corpo, como bem analisa o filósofo Merleau-Ponty.

Diante disso, o que a Educação Física Escolar pode fazer? Vanessa não nos apresenta "receituários" generalizáveis, mas caminhos que apontam para uma prática de Educação Física que retire o corpo do ostracismo disciplinador em que se encontra na escola, discutindo-o como espaço de significações que devem ser compreendidas pelos educadores. Corpo como cultura!

Ou seja, o ensino da Educação Física não poderia se reduzir à preocupação simplista com *performance física*, mas incorporar, também, o desenvolvimento de conteúdos que considerem a diversidade de vivências culturais em suas múltiplas expressões, criando tempos e espaços para as meninas se apropriarem de seus corpos, desenvolvendo uma compreensão mais abrangente e crítica sobre grau de importância conferido a ele na construção e na afirmação da sua identidade, nas relações sociais em que estão inseridas, como afirma a autora.

Texto agradável e instigante, este livro, *Meninas-Adolescentes: rituais, corpo e resistência*, certamente é uma leitura que muitas contribuições oferece aos professores de Educação Física e de outras áreas, gestores de escola e pesquisadores da educação em busca de aprendizagens mais comprometidas com o desenvolvimento integral do ser humano.

Com mais este livro, a coleção **Cultura, Mídia e Escola** segue firme em seus propósitos de olhar para essa intrincada relação de maneira densa e delicada. E de contribuir para a tão sonhada busca de uma educação mais qualificada e sintonizada com o tempo presente.

Prof. Sandra de F. Pereira Tosta
Coordenadora da coleção "Cultura, Mídia e Escola"

Apresentação

Na sociedade contemporânea, não é nada difícil observarmos as imagens de corpos que nos são constantemente apresentadas e ditas. Nas passarelas da moda, no teatro, na dança, nos esportes, nas revistas, nas novelas e em outros programas de televisão, nos filmes, nas ruas, nas academias, o corpo feminino, ao mesmo tempo em que se exibe e é exibido, torna-se, também, objeto de diferentes anseios e desejos. E na escola, como é tratado esse corpo? A escola, historicamente, estabelece como o corpo deve se portar dentro desse ambiente, definindo a sua postura perante os *superiores* ou a Instituição.

E na aula de Educação Física? É possível verificar que, no espaço escolar, o controle do educando pode se dar por meio do corpo nas aulas, nos corredores, nos pátios e, também, nas *quadras*, onde sempre é estabelecido um "ritual" a ser cumprido.

Essas preocupações marcam a estrutura central das indagações deste trabalho acerca das atitudes corporais ritualizadas de adolescentes em suas práticas nas aulas de Educação Física.

Esse trabalho, com algumas alterações, é a minha dissertação de mestrado, defendida em agosto de 2006 na Pontifícia Universidade Católica (PUC Minas). Pretendi utilizar conceitos da Antropologia como uma nova maneira de olhar o corpo no âmbito escolar, procurando repensar alguns aspectos relacionados, especialmente, à disciplina Educação Física. Quem me apresentou os conceitos da Antropologia foi a professora e doutora em Antropologia, Sandra de Fátima Pereira Tosta, que me orientou e ensinou a arte do "olhar" de pesquisadora. Gostaria de ressaltar sua orientação afetuosa e ao mesmo tempo exigente (na medida certa), sua cumplicidade nesta trajetória e o rigor teórico-metodológico durante a produção do trabalho. É minha co-autora.

O desafio que mobilizou este trabalho foi a preocupação com a busca de fundamentos que pudessem contribuir para a formação de profissionais da Educação, colaborando com o repensar crítico sobre a produção de conhecimentos sobre Educação e Educação Física.

Introdução

Meu interesse pelo estudo do corpo feminino emerge de minhas experiências como mulher e, também, de minha trajetória como professora de Educação Física. Em meu percurso como professora da 1ª à 8ª série do Ensino Fundamental e da 1ª à 3ª série do Ensino Médio, várias inquietações atravessaram minha prática. Na busca de um caminho de superação das abordagens tradicionais da Educação Física escolar, tento construir uma prática que (re)signifique essa disciplina na escola. Entendo como tradicionais as abordagens que tratam a Educação Física como atividade (seja recreativa ou orientada para o treinamento/melhora de aptidão física), e não como uma área de conhecimento escolar ou componente curricular no sentido de se constituir em

> [...] um elemento da organização curricular da escola que, em sua especificidade de conteúdos, traz uma seleção de conhecimentos que, organizados e

> sistematizados, devem proporcionar ao aluno uma reflexão acerca de uma dimensão da cultura e que, aliado a outros elementos dessa organização curricular, visa contribuir com a formação cultural do aluno. (SOUZA JÚNIOR, 2001, p. 83)

O que provocou maior incômodo foi perceber, durante as aulas, a insatisfação das meninas da 1ª série do Ensino Médio com a disciplina Educação Física e a relação de resistência para com seus corpos nesse espaço.

Em nossas conversas, sempre ficava em evidência que essas adolescentes viviam uma relação delicada com seus corpos, e, muitas vezes, inconseqüente – magreza excessiva, anemia, bulimia, anorexia, prática exagerada de atividade física fora da escola, ingestão de remédios milagrosos para perda de peso, plásticas, tatuagens, piercings e lipoaspiração. Segundo Goldenberg (2002, p. 31) "[...]a busca por um corpo "sarado[1]" funciona como uma luta contra a morte simbólica imposta àqueles que não se disciplinam para enquadrar seus corpos aos padrões exigidos." E também, havia uma busca por locais extra-escolares para experiências corporais, e nesses espaços – clubes e academias – era possível satisfação e aprendizado.

Neste estudo tem-se como um dos objetivos, portanto, sinalizar o porquê dessa insatisfação das adolescentes com a disciplina Educação Física e com seus corpos. A possibilidade de discutir o corpo e seus significados encontra espaço mais propício exatamente na disciplina Educação Física, pois o corpo carrega consigo uma história e uma subjetividade que poderiam ser interpretadas pelo professor

---

[1] Sarado: adjetivo com o sentido de forte, rijo, resistente, sem gordura, malhado (DICIONÁRIO AURÉLIO. Positivo Informática, 2004, Edição eletrônica 5.0).

quando, ao oferecer a possibilidade de movimentos, permitir à aluna se expressar à maneira dela e perceber por si própria o saber que seu corpo contém. Mas para que o professor perceba essa subjetividade é necessário que entenda que

> [...] o ser humano é um ser mais dinâmico e dotado de individualidade, inserido num contexto sociocultural igualmente dinâmico e eminentemente simbólico. A visão de Educação Física, nesse caso, também parece ser ampliada, uma vez que procura contemplar não só as dimensões física, psicológica e social humanas, mas ver o ser humano como a totalidade indissociável entre esses aspectos. (DAOLIO, 2004, p. 66)

Desse modo, o ensino da Educação Física não poderia se reduzir à preocupação simplista com *performance física*, mas incorporar, também, o desenvolvimento de conteúdos que considerem a diversidade de vivências culturais e seus novos hábitos, criando novas necessidades para as educandas. Poderia ser uma atividade para se entender o corpo como totalidade expressiva intencional, que não perde de foco a vivência, a análise e a compreensão de diferentes intenções dos gestos construídos em diferentes práticas sociais, de ações pedagógicas que revelam a constituição da natureza/cultura, de relações entre os sujeitos e o mundo. Dessa forma, as adolescentes poderiam desenvolver uma compreensão mais abrangente e crítica do grau de importância conferido ao corpo na construção e afirmação da sua identidade, nas relações sociais em que estão inseridas.

Segundo Hall (2002, p. 13), o indivíduo na contemporaneidade não é composto por uma identidade única, fixa ou permanente, mas de várias identidades. Essa identidade única é caracterizada como "[...] uma celebração móvel: formada e transformada continuamente em relação às formas pelas quais somos representados ou interpelados nos sistemas culturais que nos rodeiam. É definida historicamente, e não biologicamente".

Na perspectiva de Hall (2002), as identidades modernas estão sendo fragmentadas ou "descentradas" em decorrência de uma mudança estrutural que está transformando as sociedades contemporânea. Com essa mudança estrutural, as concepções culturais de *corpo*, sexualidade, gênero, classe, etnia, raça e nacionalidade, que eram validadas no passado e garantiam às pessoas seguras localizações como indivíduos sociais, levam a uma perda da estabilidade do *sentido de si* – chamada de descentração ou deslocamento do sujeito. A descentração do indivíduo, tanto do seu lugar no mundo cultural e social quanto de si mesmo, constitui o que se denomina "crise de identidade".

Com base na premissa de que esses processos de mudança representam a transformação da própria modernidade, Hall postula que existem três concepções de identidade:

1. a concepção do sujeito do iluminismo, na qual o indivíduo é percebido como um ser unificado, centrado e dotado de razão, de consciência e de ação. Esse centro – núcleo interior – comportaria sua identidade;

2. a concepção do sujeito sociológico a qual mostra que o núcleo interior era formado na relação com o outro e sua cultura. Nessa concepção, a identidade é formada na interação entre a sociedade e o eu;

3. a concepção do sujeito pós-moderno, na qual o indivíduo é composto por várias identidades, que podem ser contraditórias ou não resolvidas, como foi colocado anteriormente como *celebração móvel*.

Baseando-me nessa concepção de identidade, definida historicamente, é que busco, então, entender a questão do corpo na perspectiva da composição identitária das adolescentes, dos modos de se apropriarem do seu próprio corpo em uma sociedade *imagética* e, também, compreender como se constrói a condição de corpo no âmbito escolar, especificamente nas aulas de Educação Física.

Daolio (1995), fundamentado em Marcel Mauss (1974), fala das técnicas corporais específicas de um meio social. Técnicas corporais são atos tradicionais e eficazes com que determinada cultura utiliza seus corpos. É pela transmissão dessas técnicas que o homem se distingue dos animais. Isso implica um processo de educação para que os sujeitos de diferentes contextos sociais possam aprender o conjunto de técnicas corporais de seu meio. Com base em tal compreensão, podemos entender os gestos, os movimentos corporais, os comportamentos aceitos ou não em determinados grupos ou sociedades como atos culturais.

Para o mesmo autor, "[...] no corpo estão inscritos todas as regras, todas as normas e todos os valores de uma sociedade específica, por ser ele o meio de contato primário do indivíduo com o ambiente que o cerca" (Daolio, 1995a, p. 39). Ao identificar e analisar esse conjunto de regras, normas e valores em um indivíduo, pode-se compreender uma sociedade particular, uma vez que no corpo estão impressos os códigos culturais de tal sociedade. Daolio (1995a, p. 40) diz: "Mais do que um aprendizado intelectual, o indivíduo adquire um conteúdo cultural, que se instala no seu corpo, no conjunto de suas expressões. Em outros termos, o homem aprende a cultura por meio do seu corpo". Eu diria, acrescentando, que a aprendizagem em um grupo cultural também passa pelo conjunto de percepções e usos que se tem e se faz do corpo.

Ao observar a maneira como as adolescentes realizam suas práticas nas aulas de Educação Física foi possível identificar diferentes atitudes corporais entre elas. Mas só faz sentido falar em gestos, atitudes e comportamentos se os considerarmos um conjunto de significados culturalmente construídos que neles se expressam. Do que se depreende que o corpo é um produto da cultura e produtor de cultura (GEERTZ, 1989), ao mesmo tempo em que é suporte de comunicação e informação de um dado tempo histórico.

Tanto que Del Priore, em sua obra, "Corpo a corpo com a mulher" (2000), diz que a história das mulheres passa pela história de seus corpos. O corpo feminino passou por uma revolução que trouxe muitas conquistas, mas também muitas armadilhas, como a tirania da perfeição física, em que a mulher não busca uma identidade[2], e, sim, uma identificação[3].

A identidade da mulher passa a ser definida pelo equilíbrio entre beleza, saúde e juventude, aliadas às práticas de aperfeiçoamento do corpo. A mulher é obrigada a se colocar a serviço do seu próprio corpo para não sofrer uma rejeição social. "Quem não o modela, está fora, é excluído" (DEL PRIORE, 2000, p. 92). Com a pressão de tornar-se fisicamente perfeita e a tensão do ideal de conseguir chegar ao corpo perfeito, a mulher passa a buscar uma identificação com as imagens veiculadas pela mídia como promessa de felicidade absoluta, plenitude e intemporalidade. Quem define os adjetivos impostos ao corpo – belo, novo, flácido, gordo – e o seu valor social? (DAOLIO, 1997).

---

[2] Identidade (HALL, 2002, p. 13).

[3] Identificação refere-se ao uso que uma pessoa faz dos sistemas de significação e representação cultural para se identificar – tornar idêntico – e, desse modo, relacionar-se aos outros (OLIVEIRA, 1976, p. 3).

Ainda, segundo Del Priore (2000, p. 9), "sobre a cera dos corpos femininos, o século XXI vai imprimindo suas primeiras marcas. Produto social, produto cultural e histórico, nossa sociedade os fragmentou e recompôs, regulando seus usos, normas e funções". Essa afirmação nos remete a pensar que, ao longo da história da humanidade, nunca se tenha falado e vivido tão plenamente o "desnudar" dos corpos femininos como hoje. Eles não só se tornaram mais visíveis, como têm sido, também, objeto de estudo, investigação e crítica. Sobre eles são criadas representações (imagens, discursos, formas de admiração, celebração e negação) indiciais de modelos, ideais, etc.

Na sociedade contemporânea, não é nada difícil observarmos as constantes imagens de corpos que nos são constantemente apresentadas e ditas. Nas passarelas da moda, no teatro, na dança, nos esportes, nas revistas, nas novelas e outros programas de televisão, nos filmes, nas ruas, nas academias, o corpo feminino, ao mesmo tempo em que se exibe e é exibido, torna-se também objeto de diferentes anseios e desejos. E na escola? Como é tratado esse corpo?

A escola, historicamente, estabelece como o corpo deve se portar nesse ambiente, definindo sua postura perante os *superiores* ou a instituição. Enfim, pelo corpo o aluno é observado e seu desempenho verificado para que se possa avaliar se ele satisfaz as expectativas da instituição e se atende às orientações que ela impõe.

E na aula de Educação Física? Parafraseando Daolio (2004), a partir do momento que a Educação Física fizer uma revisão de seus conceitos, de seu corpo, de seu movimento e, principalmente, da sua cultura, percebendo e assumindo as contribuições de uma abordagem antropológica, poderá tornar-se uma área dinâmica, original e plural. Ao adotar uma perspectiva cultural e considerar os aspectos simbólicos definidores do homem, a Educação Física poderá refletir e fazer as adolescentes refletirem sobre temas como estética, beleza, expressividade, subjetividade, enfim, os seus significados e implicações em uma sociedade de mercado.

Os estudos e as análises históricas de Foucault (1994) mostram a existência de um poder articulado (que surgiu a partir do século XVII), aos modos da produção capitalista que age sobre os corpos: o poder da disciplina que dociliza. Esse poder disciplinar atuava nas instituições sociais como escola, prisões, fábricas, tratando o corpo como algo mecânico que precisava ser disciplinado para se tornar mais produtivo, econômico e eficaz.

O corpo, segundo Foucault, servia ao sistema capitalista, pois se exigia dele o máximo de produção, diminuindo, assim, sua capacidade crítica, tornando-o dócil em termos políticos e produtivos. "A disciplina fabrica corpos submissos e exercitados e aumenta as forças do corpo (em termos econômicos de utilidade) ao mesmo tempo diminui as forças do corpo (em termos políticos de obediência)" (FOUCAULT, 1994, p. 119).

Desse modo, percebo que o corpo feminino é visto como algo a ser manipulado, modificado, construído, alvo de diversas intervenções, entre as quais "o movimentar e o exercitar" se manifestam. As práticas corporais e esportivas são reconhecidas como possibilidades de controle e disciplina.

O que presumo, porém, é que esse corpo, na sociedade contemporânea, pode ter deixado de ser *locus* de repressão política para tornar-se campo de afirmação e construção do eu e, talvez, de novos e sutis aprisionamentos – ter um corpo que atenda aos *padrões* representa um modelo legítimo de imposição em nossa sociedade, tanto no que se refere à constituição física quanto ao uso de produtos destinados ao consumo.

Assim, com base em estudo dos rituais que se desenrolam no terreno do corpo feminino, considerei fundamental buscar as origens e os sentidos que a palavra *corpo* adquiriu no processo de construção histórica do mundo ocidental. Essa trajetória nos revela as matrizes que vêm delineando os contornos dos diferentes aspectos da nossa vida e, entre eles, a constituição dos sentidos de corpo na escola. Além disso, busquei compreender os dilemas e as tensões da Educação Física escolar não apenas em sua historicidade, mas também em sua prática com adolescentes, alunas do Ensino Médio em uma escola privada.

Por fim, este trabalho é composto de cinco capítulos.

No capítulo 1, traz-se a teoria dos rituais e suas implicações na Educação Física.

No capítulo 2, apresenta-se a importância de se pensar o corpo como construção cultural.

No capítulo 3, são apresentados os caminhos da pesquisa e a análise da Educação Física na escola pesquisada.

No capítulo 4, são apresentadas as observações do campo e o sistema ritual.

No capítulo 5, enfocam-se as meninas e seus rituais corporais.

E, finalmente, são apresentadas as considerações propiciadas pela pesquisa.

A antropologia e os rituais

Ao contrário do que se costumava imaginar, ritos e rituais há muito 'desaparecidos' têm ressurgido transfigurados das cinzas do seu 'esquecimento', enquanto outros têm começado a vicejar às vezes de forma selvagem em solos que se supunham estéreis, graças ao ascetismo e à assepsia dos tempos modernos.

Martine Segalen

A Antropologia e a teoria do ritual buscam compreender os códigos simbólicos para a interpretação e negociação de fatos da vida cotidiana. Até recentemente, a palavra "ritual" era utilizada para fazer referência a uma programação, a uma repetição sem sentido ou a uma forma de comportamento supersticioso. Para McLaren (1991), pode ser compreendida como transmissora de códigos culturais (informação cognitiva e *gestual*) que molda as percepções e maneiras de compreensão dos estudantes. E essa é uma das definições apropriada neste trabalho.

Segundo Tambiah (1985 *apud* PEIRANO, 2003, p. 11), ritual é

> [...] um sistema cultural de comunicação simbólica. Ele é constituído de seqüências ordenadas e padronizadas de palavras e atos, em geral expressos por múltiplos meios. Estas seqüências têm conteúdo e arranjo caracterizados por graus variados de formalidade (convencionalidade), estereotipia (rigidez), condensação (fusão) e redundância (repetição).

São atividades sociais *naturais* encontradas, mas não confinadas a contextos religiosos somente, como se costuma pensar. Como comportamento organizado, os rituais surgem das coisas ordinárias da vida e, por isso, estão presentes no nosso cotidiano. Eles se situam no mundo do movimento e tematizam o meio mediante gestos corporais significativos.

Desse modo, trabalho com a hipótese de que na aula de Educação Física estão presentes rituais expressos por meio de uma linguagem corporal que revelam um discurso ora criativo, ora de resistência, gerador de novas interpretações sobre a cultura corporal de movimento (DALIO, 1995a).

Os pressupostos teórico-metodológicos utilizados neste estudo partem da perspectiva de ritual como uma linguagem (CAZENEUVE, 19--), uma maneira de expressar um comportamento social, marcado pela regularidade e repetitividade. Por apresentar um caráter identitário de princípio às regras, o ritual constitui um instrumento para descrever e reconstituir um fenômeno social. Para Cazeneuve (19--, p. 10), ritual *é* "um ato que pode ser individual ou coletivo, mas que sempre, mesmo quando é bastante flexível para comportar uma margem de improvisação, permanece fiel a certas regras que constituem precisamente o que há nele de ritual".

Nessa perspectiva, na aula de Educação Física, entendo que a aluna pode mergulhar na densidade do fazer ou não-fazer, descobrindo, além da simples prática, os simbolismos inscritos nessa prática e, ao mesmo tempo, reinterpretá-los, gerando novas significações. Mas, também, acredito que, na performance da aula de Educação Física, há uma ritualização que se expressa por meio de uma linguagem corporal.

Acrescento a essa compreensão a perspectiva que tudo tem um significado próprio (Mauss, 1974 *apud* Tosta, 1999) no ritual, que se constitui em signos como falas, posturas, gestos, movimentos e o próprio uso do corpo. Mas, ao observar esses signos, é necessário perceber que não são realizados mecanicamente, desprendidos de sentidos e representações. Segundo Mauss (1974), citado por Tosta (1999), "o rito só encontra sua razão de ser quando se descobre seu sentido, isto é, as noções que formam e formaram sua base."

As contribuições que os trabalhos de Victor Turner trouxeram aos estudos dos rituais estão relacionadas às discussões sobre ritual, em especial o ritual como performance. A etimologia da palavra *performance* provém do vocábulo inglês que significa execução, desempenho, preenchimento, realização, assim como o vocábulo francês *per-formare*, que significa realizar.

A performance ritual, segundo Turner, não libera um significado preexistente que esteja adormecido no texto, mas a própria experiência é constitutiva de significado, porque está atualizando experiências de eventos passados que, ao serem dramatizados, os ativam e os vivificam, colocando a experiência em circulação.

Para Turner (1974), existem três pilares fundamentais no processo ritual: o aspecto da *liminaridade,* a transição que o ritual promove de uma situação para outra; o aspecto da constituição de uma *communitas,* marcada pela experiência de solidariedade, coletividade e (re)significação de valores e hierarquias; e o aspecto de *reintegração* (agregação) à estrutura. Destaco os dois primeiros aspectos para desenvolver a relação sobre liminar e *communitas* na aula de Educação Física. É possível perceber ambos os aspectos na aula, considerando-a como uma situação de *liminaridade* e o grupo que o realiza enquanto uma *communitas.* Essa aula, que percebo como um ritual, é realizada em determinados dias e em espaços definidos, o que favorece a formação de novos grupos de alunas (grupos sociais novos) e, também, permite a criação de um conjunto de comportamentos e gestos que, em geral, só se realizam nesse espaço.

Tomo, então, esses aspectos abordados por Turner, definidores do ritual como manifestação de situações de conflito ou liminariedade, no qual ocorrem uma reordenação da estrutura e o novo processamento de valores culturais. As *communitas* são os grupos que se encontram em situação de transição, de mudança. Segundo o autor, os artistas, por exemplo, configuram um tipo especial de *communitas.*

> Os profetas e os artistas tendem a ser pessoas liminares ou marginais, fronteiriços que se esforçam com veemente sinceridade por libertar-se de clichês ligados às incumbências da posição social e à representação de entrar em relações vitais com os outros homens, vislumbrar por momentos o extraordinário potencial evolutivo do gênero humano, ainda não exteriorizado e fixado na estrutura. (TURNER, 1974, p. 156)

Interessa-me, nesse aspecto, apontar o caráter das manifestações culturais relacionadas ao corpo e ao movimento na aula de Educação Física, como Turner aponta o caráter da arte como *locus* privilegiado de mudança. Posso entender, assim, que o que une os artistas – e, acredito, as alunas do Ensino Médio – é um sentimento de marginalidade, no sentido de não corresponder ou não se satisfazer com o que está dado socialmente, ou o que está "mecanizado"; há a necessidade de propor algo novo, e, dessa forma, (re)criar a realidade parece ser um objetivo comum.

Para Turner (1974, p. 156), "a liminariedade, a marginalidade e a inferioridade estrutural são condições em que freqüentemente se geram os mitos, símbolos rituais, sistemas filosóficos e obras de arte", isso porque o liminar é um estado no qual não há estereótipos, tudo está por se criar.

Nesse caso de liminariedade é que surgem as *communitas*, na qual os indivíduos encontram-se em comunhão, num estado de igualdade, e as hierarquias são quebradas ainda que momentaneamente. Entretanto, no universo da aula de Educação Física, há uma hierarquia estabelecida, tendo a figura do professor como personalidade principal; nesse caso está relacionado com o contexto da *"communitas normativa"*, no qual há a presença fundamental da "autoridade dos anciãos rituais", explica Turner (1974, p. 119) ao analisar o processo ritual em sociedades simples.

Percebo, ainda, que mais importante que interpretar um ritual é compreender como ele se processa, como os atores o agenciam. É considerar o ritual como um comportamento que consiste em ações prescritas executadas periódica e/ou repetitivamente e, geralmente, de forma coletiva, por isso meu enfoque no processo de performatização da aula de Educação Física.

Rituais na escola

Peter McLaren apropriou-se dos métodos e *insights* da teoria do ritual, na tentativa de desenvolver uma teoria crítica e emancipatória da educação. Sua etnografia *Rituais na escola* (1991) é marcada pela tentativa de revelar o funcionamento das escolas como locais culturais contraditórios, empenhados no processo dialético de produzir subjetividade e reproduzir a ordem social dominante. Nessa pesquisa, ele mostra como a multiplicidade de significações que constituem as contínuas demonstrações ritualísticas da vida escolar fornece a fundamentação cultural para o patrocínio de modos de dominação e resistência.

O autor explica que o corpo serve de instrumento de dominação e opressão, como também se transforma em instrumento de resistência à dominação. Ou seja, o corpo reage a algumas posturas autoritárias. Mas, na maioria das vezes, o corpo não se liberta da dominação, ele traz na carne o enxerto dos símbolos do poder e as marcas da submissão. Segundo o autor, referindo-se à pesquisa sobre alunos de descendência açoriana de uma escola católica financiada com fundos públicos de Ontário, no Canadá, ainda que os estudantes manifestem em suas atitudes corporais a angústia proporcionada pelo sistema educacional,

> eles eram transformados em corpos subjugados e fragmentados, destilados em sombras espectrais, e empurrados para as margens da aceitabilidade. O sofrimento tornava-se legível nas posturas do corpo e nas expressões faciais dos alunos. (MCLAREN, 1991, p. 227)

É possível perceber, ainda, que, nas aulas de Educação Física, as alunas se comportam de maneira semelhante, enquanto a escola, ou melhor dizendo, alguns professores, tentam moldar os seus corpos ora com uma Educação Física esportivizada, que incorpora os princípios de rendimento no intuito de formar e selecionar talentos esportivos, ora com uma Educação Física recreativa, destinada a descansar as alunas da rotina estafante da escola:

> Todo o corpo carrega uma história de opressão, um resíduo da dominação [...]. Os corpos dos estudantes são permeados de símbolos que se expandem em significados e que são desdobrados nos músculo, pressionando os tendões e incrustando-se na engrenagem dos osso e dos nervos [...]. (McLaren, 1991, p. 229)

Com a opressão e dominação, os movimentos e gestos dos alunos se tornam meramente repetitivos; o educando vai anulando seu ritmo próprio e é forçado a se ajustar no sistema criado para a submissão. A resistência a atitudes autoritárias, mesmo arriscando sofrer punições, é um ato de manifestação do próprio corpo.

Na maioria das aulas das diferentes disciplinas, pelo que sabemos e observamos cotidianamente, o aluno é obrigado a permanecer na carteira, ficar quieto e ouvir passivamente o conhecimento abstrato, por meio dos discursos e das fórmulas prontas, não ocorrendo o envolvimento de modo efetivo. O saber é passado de maneira fragmentada, compartimentalizado em diferentes disciplinas, sendo estas limitadas a um horário prefixado e determinado.

> Quem tem o controle do corpo, tem o controle das idéias e dos sentimentos. Quem fica confinado em salas apertadas, sentado e imóvel em carteiras, milhares de horas durante boa parte da vida, aprende a ficar sentado nas cadeiras, de onde talvez nunca mais venha se erguer. (Freire, 1992, p. 114)

É possível verificar que, no espaço escolar, o controle do educando pode se dar por meio do corpo nas aulas, nos corredores, nos pátios e também nas *quadras*, onde sempre é estabelecido um ritual a ser cumprido. McLaren (1991) mostra como o leque de significações que constituem as contínuas demonstrações ritualísticas da vida escolar fornecem a fundamentação cultural para o patrocínio de modos de dominação e resistência. Assim, a dominação é constantemente trabalhada por meio de rituais e práticas que constituem a vida escolar.

O espaço escolar nos apresenta uma grande distorção, pois os discursos pedagógicos insistem no valor do indivíduo, procuram elevar as condições e características pessoais, questionam as necessidades de inserir o aluno nas situações existenciais. Mas, a partir do que observamos na prática, temos indícios de que ocorre o inverso, não acontecem muitas transformações significativas, os alunos se comportam de modo semelhante.

O caráter ritual

Ao recorrer aos conhecimentos de Jean Cazeneuve (19--), Arnold van Gennep (1978), Victor Turner (1974), Stanley Tambiah (1985), Peter McLaren (1991), Roberto DaMatta (1990) e outros, procuro trazer os conceitos de ritual, corpo e Educação Física para um quadro de referências unificado como uma tentativa de desenvolver e formar novas percepções com as quais os professores poderão compreender e desenvolver as aulas dessa disciplina.

Como dito, o rito ou ritual é um conjunto de atos formalizados, expressivos, portadores de uma dimensão simbólica[4], que deve ser considerado sempre como um conjunto de condutas individuais ou coletivas relativamente codificadas, com suporte corporal (verbal, gestual e de postura), caráter repetitivo e forte carga simbólica para atores e testemunhas, como argumenta Segalen (2002). Assim, o ritual da aula de Educação Física funda esse conjunto

---

[4] Dimensão simbólica é o meio pelo qual damos sentido a práticas e a relações sociais (SILVA, 2000).

de condutas individuais ou coletivas, que tem sistemas de linguagens e comportamentos específicos para alunos e professores, mas que deveriam conformar um território comum de significados.

Nos parâmetros desta investigação, várias questões serão abordadas na descrição e análise das aulas de Educação Física. Como os rituais estão implicados nas interações e regularidades do dia-a-dia da aula de Educação Física? Os rituais estão relacionados com a organização e com os conteúdos das aulas de Educação Física? Assim, objetiva-se identificar os comportamentos ritualizados das adolescentes nas aulas de Educação Física. Da mesma forma, o que a descrição e a interpretação dos modos como esses rituais se apresentam podem contribuir na prática do professor de Educação Física. Descrever compreendendo como os rituais se desenrolam nas aulas de Educação Física e o que eles nos dizem é uma forma de analisar como a Educação Física poderá contribuir para o processo de apropriação do próprio corpo pelas adolescentes. Dessa forma, deve-se compreender como as adolescentes lidam com a questão da imagem corporal.

Ao apontar os rituais como elementos sinalizadores na formação de um campo cultural não significa que todo comportamento em uma aula de Educação Física ou que todo detalhe nas quadras estejam dados e possam ser explicados por apelo aos rituais ou à exclusiva procedência de parâmetros simbólicos, mas que, ao tomar as aulas de Educação Física como expressão ritual, contextualizo-as na perspectiva da cultura corporal de movimento e nos mecanismos simbólicos que se constituem para os alunos estarem na escola, no meu caso, particularmente, as meninas adolescentes por mim observadas no percurso desta investigação. Em outras palavras, as aulas de Educação Física, nos modos como se desenvolvem, foram por mim construídas como objeto científico a ser pensado, entre outras referências, com o auxílio das teorias dos rituais.

A Educação Física Escolar como ritualização

A escola estabelece como o corpo deve sentar-se, como deve ficar quieto e ouvir, como deve se deslocar em ordem disciplinar nas filas e corredores, e, algumas vezes, como deve *jogar*. Enfim, a escola observa o aluno pelo corpo e verifica se o desempenho dele satisfaz às expectativas e atende às orientações impostas, seja nas aulas de Educação Física, seja em qualquer outra matéria, tempos e espaços: na chegada e saída da escola, na sala de aula e até mesmo no recreio, que supostamente poderia ser um espaço/tempo mais liberado, a escola cria mecanismos com os quais tenta controlar e homogeneizar o comportamento corporal.

Segundo McLaren (1991, p. 88),

> a ritualização é um processo que envolve a encarnação de símbolos, conglomerados de símbolos, metáforas e paradigmas básicos, através de gestos corporais formativos. Enquanto formas de significação representada, os rituais capacitam os atores sociais a demarcar, negociar e articular sua existência fenomenológica como seres sociais, culturais e morais.

Concordando com essa premissa, concluo que, também, na aula de Educação Física, a *ritualização* está muitas vezes presente com caráter disciplinador, administrador e limitador das práticas dos educandos. Percebo mais, que, nas aulas de Educação Física, também estão presentes *rituais* que impedem que os educandos vivam seus corpos espontaneamente e com maior naturalidade, pois as atividades estimulam e se dirigem para uma construção de corpos submissos e capazes de obedecer de forma sistemática [quase automática] a tudo que lhes é imposto. Se o aluno não quer participar da aula e seu corpo o denuncia, nem sempre o professor percebe, se interessa em saber o que está acontecendo. Desconsidera o fato e segue adiante com seu trabalho.

Acredito que o conceito de *fato social total* de Marcel Mauss, que propõe a compreensão do indivíduo com base em uma totalidade – inter-relação de aspectos fisiológico, psicológico e sociológico –, possa nos ajudar a refletir sobre uma prática que se orienta apenas, na dimensão física, de rendimento, retirando-o de uma totalidade cultural que a tudo enfeixa e significa.

Corpo e Educação Física

Corpo histórico-"cultural"

Não pretendo realizar um relato histórico minucioso da questão do homem e seu corpo no pensamento filosófico ocidental, mas apenas pontuar os sentidos de sua evolução, por intermédio do pensamento de filósofos de diferentes épocas.

Segundo Gonçalves (1994), antes da nossa época era impossível uma ontologia do corpo. No seu livro *Sentir, pensar, agir: corporeidade e educação*, a autora mostra a trajetória sobre o processo de civilização ocidental e o corpo, bem como a problemática da corporeidade no pensamento filosófico. Na interpretação da autora, nas sociedades pré-industriais, era grande a significação do corpo para o funcionamento da sociedade.

> Nessas sociedades eram valorizadas qualidades corporais como força, destreza e agilidade[...]. As relações sociais eram construídas e consolidadas pelo corpo. O exercício do domínio e do poder não se

realizava, em geral, por meio de determinações formais, mas, sim, pela presença corporal. (GONÇALVES, 1994, p. 18)

Com a expansão do capitalismo e o progresso da ciência e tecnologia, porém, vieram, gradativamente, as transformações das relações do homem com sua corporeidade.

Antes da posição fenomenológica de Merleau-Ponty (1994), que discutiu o corpo na perspectiva da consciência corporal, tal formulação ainda não se dera. Para Merleau-Ponty não há um decreto arbitrário que supõe a sobreposição da alma em relação ao corpo. O ser é uma unidade que compreende ao mesmo tempo corpo e alma, constituindo uma tensão dialética entre interioridade e exterioridade, entre sujeito e objeto. Essa compreensão da totalidade humana pressupõe movimento, que é a expressão da própria vida e do próprio corpo.

O corpo vivido ou corpo próprio de que fala Merleau-Ponty não é um corpo objeto do qual eu possa me apropriar. Não é um objeto, ao mesmo tempo em que a consciência que se tem dele não é meramente um pensamento. O corpo é o próprio sujeito da história e "o indivíduo tem consciência do mundo por meio dele" (MERLEAU-PONTY, 1994, p. 269).

Ainda na Filosofia, na tradição platônico-aristotélica (séculos V e IV a.C.) – Antigüidade grega –, os estudos no campo do corpo o contemplaram, inicialmente, como algo finito, mutável, pertencente ao mundo sensível. O ser corresponde à idéia, ao imutável e eterno, quer dizer, pertence ao mundo inteligível. Essa perspectiva exclui o que é considerado não-ser, ou seja, o concreto, o transitório e o finito – o corpo. Assim, a natureza, as coisas, os homens e as mulheres e suas respectivas produções são pensados de forma abstrata, transcendente; são dissociados do que chamamos de real.

O estudo do pensamento platônico mostra alguns significados que o corpo assumiu em seu processo de construção histórico-social no mundo ocidental. Platão (séculos V e IV a.C.) via o corpo como algo negativo, um obstáculo à contemplação das "idéias perfeitas e eternas". No pensamento platônico, o corpo representa uma prisão para a alma, por ser considerado destituído de inteligência e de qualquer aspecto positivo. A alma é, para esse filósofo, incontestavelmente, mais valorosa do que o corpo, mesmo o corpo com saúde, vigor e beleza física.

Entretanto, na cultura grega não se destacaram apenas as idéias de Platão sobre o corpo. Diferentemente deste, para Aristóteles (século IV a.C.) o corpo deixa de ser negativo, pois o desenvolvimento corporal poderia favorecer a expressão da inteligência, mesmo sendo a contemplação o objetivo mais nobre a ser alcançado. Para esse filósofo, saúde e beleza corporal são virtudes agradáveis e necessariamente boas. Nesse sentido, o corpo passa a ser salientado como algo importante para uma vida longa e livre de enfermidades.

A esse respeito, Gonçalves (1994) observa que a forma de pensar desse período – eminentemente metafísico – caracterizou-se por um distanciamento de tudo que é finito e mutável, reduzindo a problemática corporal às díades: corpo e alma; matéria e espírito; conhecimento sensível e conhecimento inteligível. O corpo é considerado, então, como elemento inferior na constituição do ser humano. É renegado, rebaixado na concepção de um homem abstrato, feito de idéias, sentimentos e valores – o que não possibilitou pensar as relações do homem com o seu corpo em sua concreticidade.

Com o advento do cristianismo, aproximadamente do fim do século V até século XIII, o corpo ganha um novo sentido no pensamento grego. Se antes predominava o racionalismo, contrapõe-se agora um enfoque em que o homem é visto como portador de sentimentos e emoções, além da razão. Ainda segundo Gonçalves (1994), nesse período, o homem é considerado uma "mescla" de alma e de corpo, no qual a alma tem o primado sobre o corpo. A Igreja concebe o homem e o mundo como criação de Deus com um fim que transcende a vida terrena. Essa concepção cristã trouxe não apenas a noção de uma alma imortal – a vida continua pós-morte –, mas de uma alma que, para purificar-se e elevar-se a Deus, exige permanentes sacrifícios que são definidos como sofrimento do corpo.

A aproximação do corpo e da alma, assim como é visto no cristianismo, seria impossível na Antigüidade grega, pois não se acreditava que o mundo era criado por Deus, nem por um ser pessoal com um destino transcendente.

Romero[5] (1995), porém, esclarece que a Igreja Cristã também irá defender a díade espírito/carne, na qual o corpo é visto como templo sagrado do Espírito Santo e, nessa perspectiva de corpo divinizado, deveria se dar a vitória sobre a carne. Os preceitos religiosos e o bem da alma eram colocados em oposição ao corpo, pensamento esse em que se percebe um desprestígio em relação à preocupação com o corpo.

Com o Renascimento (séculos XV e XVI), começa a haver uma preocupação com a liberdade do ser humano,

---

[5] Elaine Romero, professora da Ufes, organizou um livro que resgata textos que abordam o corpo, a mulher e a sociedade, procurando analisar e propiciar uma reflexão acerca do corpo/movimento como processo histórico e fenômeno cultural (ROMERO, 1995).

valorizando-se a realização terrena por meio do trabalho. Durante esse período, acontece a redescoberta do corpo, "que se revela na busca de perfeição das formas corporais, orientada por um ideal de racionalidade, de beleza e de proporção, que traduz uma busca do homem universal" (GONÇALVES, 1994, p. 48). O homem torna-se o centro das atenções e sua curiosidade intelectual proporciona o avanço científico-tecnológico e a descoberta de novos conhecimentos. No que refere às artes, o nu aparece com destaque em obras de muitos pintores famosos, como Michelangelo, Leonardo Da Vinci, dentre outros. Quanto à questão do cuidado ao corpo, já havia uma maior preocupação com a alimentação saudável, banhos e exercícios físicos.

No século XVII, René Descartes desenvolve estudos nos quais o corpo é comparado a um mecanismo. Ele instaura o método cartesiano de entendimento das coisas, das pessoas, enfim, de pensar e elaborar a ciência e o conhecimento. A mente passa a ser o centro e o suporte de toda a realidade (GONÇALVES, 1994, p. 51). Com base nesse método é que se conceberam por muito tempo as cisões conhecidas como corpo e mente, teoria e prática.

Essa separação cartesiana do corpo e da alma se faz sentir na Educação Física até hoje, tanto na prática pedagógica quanto nas ciências que a embasam (anatomia, fisiologia, cinesiologia, psicologia e outras) – cada uma trata do corpo sob seu enfoque particular, sem levar em consideração o indivíduo em sua totalidade.

Jean Jacques Rousseau, no século XVIII, resgata "ao mesmo tempo o homem como ser corpóreo, dotado de necessidades e paixões, e o homem como ser espiritual e histórico, que possui razão e livre arbítrio" (GONÇALVES, 1994, p. 52). Contudo, com o livre-arbítrio, o homem corrompe-se a si próprio, e a civilização passa a ser considerada como responsável pela degeneração das exigências morais profundas da natureza humana e sua substituição pela cultura intelectual. Seria necessário, portanto, que o homem resgatasse a pureza de sentimentos naturais que possuía antes do convívio social.

Ainda segundo Gonçalves (1994), em Emmanuel Kant, a humanidade do homem está, também como em Rousseau, no espírito e na liberdade moral. Esse filósofo considera que no ato de obediência à lei moral, a razão conjugada com a liberdade de querer, fundamentada na primeira, permite ao homem superar toda animalidade presente em sua natureza corporal, tornando-a independente também do mundo sensível. Quanto à educação, diferentemente de Rosseau, que a concebeu e nela enfatizou a espontaneidade das emoções e dos sentimentos naturais, Kant considera que a educação do corpo deve pautar-se pela disciplina.

Continuando esse breve percurso pelas concepções históricas relativas ao corpo, chegamos ao século XIX, no qual o sistema capitalista já se apropria do corpo impondo-lhe docilidade, disciplina e controle. A Revolução Industrial traz ao cenário social a versão e a imagem do corpo útil ao progresso econômico e técnico-científico. Todavia, esse corpo útil, pelas condições a ele impostas pela produtividade, pela lucratividade e pela eficiência, se submete à alienação do trabalho e ao adoecimento, em decorrência da exploração da energia humana, vendida nas longas jornadas de trabalho, ao lado das precárias condições de vida dos trabalhadores (ROMERO, 1995).

Hegel (séculos XVIII e XIX) é um dos filósofos que aponta a dimensão da prática produtiva, valorizando o papel do trabalho na formação do homem. Segundo esse autor, o trabalho permitirá que o homem supere sua natureza animal, a partir do momento em que trabalha não com objetivo de satisfazer uma necessidade imediata, mas de satisfazer as necessidades dos outros: "trabalhando para todos, o homem situa-se num plano humano" (GONÇALVES, 1994, p. 56).

Com Karl Marx e Merleau-Ponty (século XIX e XX), o corpo começa a ser pensado em sua materialidade conjugada aos aspectos sociais mais amplos, quais sejam, homens e mulheres reais, vivendo em um mundo concreto que condiciona suas ações. Esses dois autores destacam-se na contribuição para a formulação de um pensamento mais reflexivo sobre o corpo e dos fatores históricos que sobre ele incidem, podendo-se afirmar, ainda, que eles são marcados na história do pensamento antropológico, segundo a referida autora.

Tanto Marx quanto Merleau-Ponty consideram que o corpo é natureza, uma vez que é do mesmo tecido das coisas do mundo, é subordinado a elas, vive em relação a essas coisas e é dependente, também, dos aspectos biológicos. Mas o corpo transcende essas imposições, pois "o corpo é expressão da cultura" (KOFES *apud* DAOLIO, 1995, p. 39).

Corpo dócil, corpo de trabalho ou corpo-padrão, nas diferentes épocas e no decorrer do pensamento filosófico, as dicotomias existiram, refletiram e fomentaram o comportamento humano em divisões entre corpo e alma, matéria e espírito, o sensível e o inteligível, razão e emoção, o mundano e o transcendente. Esses aspectos históricos indicam que, apesar de suas particularidades, todos os "períodos históricos" compartilham entre si do princípio da "inCORPOração". Para Daolio (1995a, p. 40), o corpo é o meio de o homem assimilar valores, normas e costumes sociais, e apropriar-se deles, ou seja, adquirir um conteúdo cultural, que se instala no seu corpo.

Compreender o corpo como uma construção cultural, dotado de uma dimensão simbólica (contribuição que teve origem na antropologia interpretativa de Clifford Geertz), favorece a compreensão do porquê da existência de diferentes concepções e padrões corporais, o que permite compreender o dilema que vive a mulher contemporânea – fixação no corpo e pelo corpo que se apresenta como um ato quase desesperado de posse de algo que é possível alcançar, não importando muito com as condições para a modelagem desse corpo padronizado.

A disciplina Educação Física

Estudando a Educação Física no passado para entender o presente – aspectos históricos...

Como mostra Barbosa (2001), no espaço da escola, as atividades físicas apresentavam-se como jogos, ginástica, dança e equitação. Essas atividades, porém, surgiram na Europa no final do século XVIII e início do século XIX, com o objetivo de construir um novo homem mais forte, ágil e empreendedor para a nova sociedade. "Cuidar do corpo, portanto, passa a ser uma nova necessidade concreta que deveria ser respondida pala sociedade do século XIX" (SOARES, 1992, p. 51).

Segundo Castellani (1994), o momento histórico em que a Educação Física está inserida atualmente decorre da influência de teorias européias e do poder dominante de cada época histórica.

> Práticas pedagógicas como a Educação Física foram pensadas e postas em ação, uma vez que correspondiam aos interesses da classe social hegemônica naquele período histórico, ou seja, a classe social que

dirige política, intelectual e moralmente a nova sociedade. (SOARES, 1992, p. 51)

É preciso destacar que, na escola, se fazem presentes na sua prática algumas tendências pedagógicas: "São tendências que vêm se formulando ao longo da história da educação e que se fazem presentes no nosso exercício docente; umas com mais força e hegemonia, outras com manifestações menos definidas" (LUCKESI, 1994, p. 134). E essas tendências pedagógicas tiveram suas "versões" na Educação Física – a Educação Física Higienista (predominante até 1930), e a Educação Física Militarista (predominante no período de 1930 à 1945). Segundo Ghiraldelli (1994), a Educação Física Higienista tinha como função dar fim à ignorância dos indivíduos que favorecia a deterioração da saúde; já a Educação Física Militarista tinha como meta formar o "cidadão-soldado", um indivíduo capaz de servir, sem questionamentos, às demandas da pátria.

Nas quatro primeiras décadas do século XX, a escola esteve marcada pela presença dos métodos ginásticos de inspiração militar e pelos próprios instrutores ou "aplicadores" dos métodos (BRACHT, 1997, p. 20), fato que demonstra que a história da Educação Física brasileira está intimamente ligada ao desenvolvimento da instituição militar, fundamentada na adoção de métodos ginásticos para *disciplinar e condicionar*. Isso contribuiu para o entendimento errôneo e limitado de que "a Educação Física escolar era entendida como atividade exclusivamente prática, fato este que contribui para não diferenciá-la da instrução física militar" (SOARES, 1992, p. 53).

A Educação Física também teve sua "versão" escolanovista – a Educação Física Pedagogicista (1945 a 1964), cujo enfoque era mostrar a Educação Física como uma prática eminentemente educativa, sendo "útil e bom socialmente", de caráter apolítico e que poderia respeitar às diversidades culturais, físicas e psicológicas do homem brasileiro" (GHIRALDELLI, 1994).

Nesse mesmo período, surgiu o Método Natural Austríaco e o Método da Educação Física Desportiva Generalizada. Esse último método marcou a história da Educação Física, pois o esporte estava presente em todas as aulas como o principal conteúdo de ensino.

Já no período pós-1964, tem-se a Educação Física Competitivista (Tecnicista), cujo objetivo era desviar a atenção da população dos problemas políticos, utilizando ainda o esporte com principal conteúdo das aulas, na interpretação de Barbosa (2001). Essa influência do esporte no espaço escolar favoreceu o surgimento da expressão *esporte na escola* e não *esporte da escola*. A diferença entre essas duas expressões encontra-se nos valores que permeiam essa prática; isto é, o esporte na escola está intimamente ligado aos valores da instituição esportiva que tinha como prioridade princípios de rendimento atlético-desportivo, competição, regras rígidas, técnicas, foco no sucesso esportivo como sinônimo de vitória, ou seja, valores que não proporcionam qualquer processo de inclusão, co-educação e solidariedade.

Nas décadas de 1970 e 1980, destacam-se os movimentos chamados "renovadores" na Educação Física: a *Psicomotricidade* que privilegia o desenvolvimento psicomotor, a estruturação do esquema corporal e as aptidões motoras; a *Educação Física Humanista*, que tem como objetivo a educação integral, cujo conteúdo é visto como um promotor de relações interpessoais e para desenvolver a "boa natureza" da criança; o *Esporte para Todos*, que tem como objetivo caracterizar-se como movimento alternativo ao esporte de rendimento, uma forma de o aluno ocupar suas horas de lazer com atividades; e a *Educação Física Crítica ou*

Progressista, que vai problematizar as próprias bases de legitimação da Educação Física escolar.

As reflexões sobre o processo educativo na Educação Física escolar continuaram nas décadas de 1980/1990 e no início desde século XXI, agora com o objetivo de desenvolver uma proposta pedagógica que fosse capaz de questionar a monocultura do esporte, superar o caráter técnico/fisiológico e perceber a cultura corporal de movimento (danças, lutas, jogos, ginásticas e esportes) como conteúdo da Educação Física escolar; compreendida como área de conhecimento multidimensional (técnica, fisiológica, histórico-cultural); capaz de considerar a cultura e conhecimentos prévios dos alunos, com ênfase aos valores de inclusão, solidariedade, criatividade e co-educação[6].

Podemos perceber, por esse breve relato histórico, que a Educação Física escolar adquiriu em seu percurso uma pluralidade de significados e usos: eugenização e assepsia do corpo, instrumento de disciplinarização, preparação do corpo do aluno para o mundo do trabalho, formação de atletas, terapia psicomotora. Com isso, a Educação Física foi e é *locus* de debates, conflitos e negociações sobre seu papel na escola.

A Educação Física no Ensino Médio

Percebo que o Ensino Médio de Minas Gerais tem sido pouco pesquisado em minha área, ocorrendo uma concentração das pesquisas no Ensino Fundamental[7].

---

[6] Cf. Go TANI, 1988; JOÃO BATISTA FREIRE, 1989; BRACHT, 1997; COLETIVO DE AUTORES, 1992; BETTI, 1994; KUNZ, 1994; CAPARROZ, 1997; VAGO, 1999; DAOLIO, 1998; ASSIS DE OLIVEIRA, 2001.

[7] Cf. VAGO, 1993; DORGES, 1995; JEBER, 1996; FARIA, 2001; ALMEIDA JÚNIOR, 2002.

Em 1993, Pellegrinotti aborda o descaso existente com a disciplina nesse nível de ensino:

> [...] necessidade de trabalho, preocupação para o vestibular e início da adolescência. Nesse momento, a Educação Física é vista pelos alunos como algo que atrapalha o seu plano de vida, já que o conteúdo trabalhado em forma de jogos não mais satisfaz como disciplina de um currículo escolar. (PELEEGRINOTTI, 1993, p. 108)

Já Gariglio (1997) apresenta um estudo que aborda o Ensino Médio na instituição CEFET-MG, mesmo assim trata-se de um caso especial, pois essa instituição não apresenta estrutura e cotidiano escolares semelhantes aos rede particular de Ensino Médio.

Alguns profissionais de Educação Física do Ensino Médio vêm se questionando sobre a coerência da contribuição de sua prática pedagógica nessa etapa da educação básica. A legislação garante ao aluno a oferta do componente curricular, mas quem poderá e deverá lhe garantir o tempo/espaço adequados são os professores, oportunizando práticas que não privilegiem competição, modismos sobre o corpo e práticas prontas.

É visível a predominância dos conteúdos esporte, ginástica, jogos, lutas e dança, nos vários níveis de ensino básico, mas o agravante é a presença de uma prática não reflexiva. É necessária a relação desses conteúdos de ensino na escola com temas relevantes (identidade juvenil, sexualidade, corpo e indústria cultural, lazer, saúde, dentre outros) para esse grupo, vinculados a um projeto de formação de alunos.

Se não há a relação conteúdo/temas relevantes, há as aulas do "rola-bola", nas quais os alunos que queiram jogar escolhem uma bola, se organizam e jogam a modalidade escolhida sem a orientação direta do professor. E quando há aula, qual o principal conteúdo? Esporte. E esse é trabalhado da seguinte forma:

> As aulas de Educação Física nas escolas estruturam-se na prática esportiva com características de: um esporte competitivo, determinado pela obediência, fiel às leis que o regulamentam; um esporte competitivo onde há a ausência de cooperação e prevalência de individualismo. (MOREIRA, 1993, p. 19)

Nessa perspectiva, a finalidade pedagógica passa a ter sinônimo de uma especialização – na qual o aluno lida com seu corpo como instrumento, do qual deve tirar o máximo de produtividade e habilidade técnica. No entanto, isso não se mostra coerente, pois, de certa forma, só "joga tecnicamente" aquele que domina os fundamentos do jogo. Assim, as aulas aparecem com característica recreativa na maioria das vezes nessa disciplina no Ensino Médio, pois os alunos as freqüentam, muitas vezes, de forma descompromissada com o que está sendo ensinado pela constatação do fracasso no desempenho motor. Ou seja, são incapazes de obter a performance desejada e, conseqüentemente, observa-se, por um lado, que o educando vem nessa fase, paulatinamente, afastando-se das quadras, dos espaços de práticas motoras escolares.

Tais fatos apontam, certamente, para o afastamento das práticas corporais escolares e não para um desinteresse do jovem pelas manifestações da cultura corporal de movimento, como um

> [...] acervo de formas de representação do mundo que o homem tem produzido no decorrer da história, exteriorizada pela expressão corporal: jogos, danças,

> lutas, exercícios ginásticos, esporte, malabarismo, mímica e outros, que podem ser identificados como formas de representação simbólica de realidades vividas pelo homem, historicamente criadas e culturalmente desenvolvidas. (COLETIVO DE AUTORES, 1992, p. 38)

Sobre os PCNs

Não é meu objetivo fazer uma análise crítica sobre o conteúdo dos Parâmetros Curriculares Nacionais do Ensino Médio (PCNEM) na Educação Física, mas, sim, oferecer uma noção básica da proposta da Educação Física no Ensino Médio feita pelo MEC já que é, especificamente, desse ensino e grau que estou tratando nesta pesquisa.

Nesse segmento, a Educação Física está inserida na área denominada "Linguagens, Códigos e suas Tecnologias", assim como a Língua Portuguesa e as línguas estrangeiras. As práticas corporais dos adolescentes passam a ser mais uma linguagem, uma forma de expressão e comunicação, diretamente ligada a uma formação estética, à sensibilidade dos alunos e à formação cidadã. O documento, além de pontuar a importância da formação dos alunos em cidadãos críticos, também faz uma breve análise do que vem acontecendo nas aulas de Educação Física do Ensino Médio, nas quais o esporte é trabalhado como o principal conteúdo das aulas, o que vem favorecendo uma evasão de alunos das aulas dessa disciplina nesse nível de ensino.

No percurso desta pesquisa, pude observar outras escolas[8] além da escola Ilha Bela, em que ainda ocorre um

---

[8] Visitei mais cinco escolas particulares em Belo Horizonte e observei as aulas de Educação Física de turmas de Ensino Médio durante um mês. Optei pelo período de um mês porque considerei que era um tempo suficiente para observar quais os conteúdos eram trabalhados e como eram apropriados por esses professores.

processo hegemônico do esporte, mas esse não é trabalhado de maneira adequada. "A influencia do esporte no sistema escolar é de tal magnitude que temos não o esporte da escola, mas sim o esporte na escola." (SOARES *apud* PCNEM, 1998, p. 29). O esporte não é abordado de maneira pedagógica por alguns professores, não existem espaços nem para discussões e muito menos para a possibilidade de recriar outras práticas esportivas, o que, acredito é de grande importância para os alunos de Ensino Médio. Nesse sentido, observei que o professor de Educação Física, muitas vezes, não utiliza outras práticas corporais que compõem a cultura corporal nem de sua bagagem, considerável, de conhecimentos adquiridos em sua formação, como os conhecimentos sobre os benefícios da atividade física e a manutenção da saúde, a reflexão sobre a diversidade de padrões de beleza e desempenho.

Em resumo, os Parâmetros Curriculares Nacionais (PCNs) apontam para a apropriação de todos conteúdos ligados à cultura corporal (dança, esporte, jogos, lutas e ginástica), relacionando-os com temas ligados à saúde, ao lazer, à construção cultural dos padrões de beleza e estética e outros, favorecendo a formação de sujeitos conscientes e críticos aos modismos e ao fenômeno do esporte. Espera-se que, assim, o aluno recupere o prazer de realizar com autonomia uma atividade física e, principalmente, possa ter sempre consigo valores de respeito, cooperação, solidariedade, etc., afirma o documento.

Acredito que o desinteresse surge, sim, dos usos da cultura corporal de movimento. Como comenta Daolio (2004), a consideração simbólica de cultura permite compreender a dinâmica escolar da Educação Física como prática cultural que atualiza, (re)significa e revaloriza os conteúdos tradicionais da área, considerando as especificidades e características próprias de cada grupo.

Educação Física e a cultura corporal de movimento

Como citado, segundo o Coletivo de Autores (1992, p. 38), a cultura corporal de movimento define-se como:

> [...] acervo de formas de representação do mundo que o homem tem produzido no decorrer da história, exteriorizada pela expressão corporal: jogos, danças, lutas, exercícios ginásticos, esporte, malabarismo, mímica e outros, que podem ser identificados como formas de representação simbólica de realidades vividas pelo homem, historicamente criadas e culturalmente desenvolvidas.

Daolio (2004) aponta a deficiência dessa proposta no trato da dimensão simbólica, inerente ao homem. Nela, a cultura adquire o sentido de acúmulo de conhecimentos, das produções humanas, mas não aponta a possibilidade de esses conhecimentos históricos serem atualizados e (re)significados pelo indivíduo:

> A Educação Física, a partir da revisão do conceito de corpo e considerando a dimensão cultural simbólica defendida por Geertz, pode ampliar seus horizontes, abandonando a idéia de área que estuda o movimento humano, o corpo físico ou o esporte na sua dimensão técnica, para vir a ser uma área que considera o ser humano eminentemente cultural, contínuo construtor de sua cultura relacionada aos aspectos corporais. (DAOLIO, 2004, p. 9)

O conceito de cultura

Com base em uma somatória de discussão, produção e formação de professores com influências de outras áreas do conhecimento, como as ciências sociais e humanas, a produção do conhecimento em Educação Física, a partir da década de 1980, passou a questionar o predomínio biológico, as práticas padronizadas e o foco do fazer pedagógico.

Em decorrência disso, coloca-se em questão o aspecto sociocultural na Educação Física, possibilitando pensar a unidade dos indivíduos em sua diversidade além dos termos biológicos. Segundo Daolio (2004, p. 2),

> [...] cultura é o principal conceito para a Educação Física, porque todas as manifestações corporais humanas são geradas na dinâmica cultural, desde os primórdios da evolução até hoje, expressando-se diversificadamente e com significados próprios no contexto de grupos culturais específicos. O profissional de Educação Física não atua sobre o corpo ou com o movimento em si, não trabalha com o esporte em si, não lida com a ginástica em si. Ele trata do ser humano nas suas manifestações culturais relacionadas ao corpo e ao movimento humanos, historicamente definidas como jogo, esporte, dança, luta e ginástica.

A cultura é polissêmica, tem vários sentidos possíveis, mas procurei focalizar o conceito de cultura na própria área da Educação Física. Segundo Daolio (2004), o conceito de cultura baseado nas referências da antropologia social e o aporte teórico de Marcel Mauss, principalmente, nos conceitos de *fato social total* e *técnicas corporais*, foi fundamental para repensar a Educação Física. Tais conceitos implicam o entendimento de que, em qualquer ação do indivíduo, podem ser encontradas as dimensões sociológica, psicológica e fisiológica, sendo impossível compreendê-lo de maneira fragmentada, uma vez que são gestos e movimentos criados pela cultura e na cultura que podem ser transmitidos através de gerações, carregados de significados específicos, definidos por Geertz (1989 *apud* MCLAREN, 1991, p. 32) como

> [...] um padrão historicamente transmitido de significados encarnados em símbolos, um sistema de concepções herdadas, expressas em forma simbólica por meio dos quais os homens comunicam, perpetuam e desenvolvem seu conhecimento e atitudes em relação à vida.

Assim, segundo o antropólogo norte-americano, a cultura é condição essencial para a existência humana e sua compreensão. Ele nos oferece um conceito semiótico de cultura que pressupõe a existência de padrões culturais e sistemas organizados de símbolos significantes para orientar o comportamento humano. Inspirado na sociologia compreensiva de Max Weber, para Geertz, o homem é como um animal preso a teias de significados que ele próprio teceu, de modo que se pode considerar a cultura como expressão dessas teias, cabendo à antropologia e ao antropólogo analisá-la ou interpretá-la.

Se a cultura pode ser comparada a uma teia de significações, é possível pensar o cotidiano da aula de Educação Física nessa perspectiva, com base na qual indago: Como as meninas interpretam o corpo e o seu corpo na sociedade contemporânea? De que fios ele se tece? Qual será o significado da Educação Física e de seus conteúdos para essas meninas da 1ª série do Ensino Médio?

Algumas das alunas que participaram desta pesquisa atribuíram os seguintes significados à questão do corpo:

> *Eu me cuido, me preocupo com minha saúde, tento manter uma boa alimentação e me exercitar quando possível.* (Aninha)

> *Malho durante a semana e controlo a alimentação.* (Bela)

> *Estou sempre insatisfeita com meu corpo, tento regular minha alimentação, mas não resisto a doces.* (Ló)

> *O corpo feminino representa preocupação para as mulheres, sinônimo de sedução e cartão de visitas para os que vêm.* (Sisi)

Uma projeção da mídia. (Ri)

Um corpo delicado e esbelto. (Mari)

[...] a sociedade impõe padrões e isso interfere na vida das pessoas, regimes para atender a esses padrões. (Mara)

Freqüento academia três vezes por semana e uso cremes redutores de celulite e gordura. (Pam)

Como se pode observar, os significados que as alunas atribuem ao corpo relacionam-se à beleza corporal associada a uma preocupação com a alimentação, com o exercitar-se e com os padrões estéticos estabelecidos pela mídia.

Já quanto à questão da Educação Física, surgiram, dentre outros, os seguintes comentários:

[...] são importantes para o condicionamento físico, disposição para o resto do dia e proporcionam o entretenimento para os alunos. (Sisi)

As pessoas preocupam com o intelectual e esquecem do corpo, exercícios relaxam e melhoram o humor. (Tatá)

É inútil. [...] é chato só tem esportes chatos. (Claire)

Acho importante para o aluno uma hora de lazer pois em geral um colégio é muito cansativo, é preciso ter uma hora para lazer. (Gi)

Não gosto, restringe minhas vontades. (Ri)

[...] deveriam ser livres e não escolhidas pelo professor. (Mara)

[...] são sempre as mesmas atividades. (Nanda)

As falas apresentam uma diversidade maior de significados à prática da Educação Física, como: momento de lazer, de tédio, de relaxar, de praticar esporte, de obter condicionamento físico e entretenimento. Isso vem ao encontro com o que Daolio (2004, p. 8) nos alerta que é a necessidade de "[...] também pensar o corpo humano como dotado de eficácia simbólica, grávido de significados, rico em valores dinâmicos e específicos", se quisermos ter a pretensão de compreendê-lo de modo contextualizado e inteiro.

Sobre o aspecto simbólico

Para McLaren (1991, p. 33), também baseado em Geertz, é fato inquestionável que a cultura é formada fundamentalmente por *rituais* inter-relacionados e sistemas de rituais, "[...] é uma construção que permanece como uma realidade consistente e significativa através da organização abrangente de rituais e sistemas simbólicos". Os sistemas simbólicos, para Durham (1984), são empregados como meio de ordenação da conduta social, ou seja, absorvidos e recriados nas práticas sociais.

Portanto, pode-se pensar os conteúdos da cultura corporal de movimento desenvolvidos nas aulas de Educação Física como práticas corporais que fazem parte de uma dinâmica cultural e, por isso, as alunas atribuem um conjunto de significados ao que fazem, ou *não fazem*. Acredito que esse *não fazer* pode ser mais bem compreendido se recorrermos ao conceito de cultura de Durham (1984), ou seja, um processo contínuo de produção, utilização e transformação na prática coletiva. Será que o sentido da palavra *cultura*, presente na proposta da cultura corporal de movimento e na prática de alguns professores, contempla os aspectos de continuidade de produção, utilização e transformação?

Com base nessas reflexões, foi possível compreender o porquê de a Educação Física escolar, como uma área de conhecimento que aborda a cultura corporal de movimentos, construída historicamente pelo homem, não desconsiderar os aspectos simbólicos. A verdade é que essa perspectiva cultural favorece uma postura voltada para a atualização, (re)significação e revalorização dos seus conteúdos.

Os caminhos da pesquisa

Delineamento da investigação

Para desenvolver e aprofundar essas reflexões, escolhi pesquisar um conjunto de aulas de Educação Física, perfazendo um semestre letivo, em uma escola particular de Belo Horizonte.

O primeiro passo para tentar viabilizar a pesquisa foi encontrar uma escola particular, com turmas de Ensino Médio, onde, mediante a aceitação de sua direção, pudesse realizar a investigação pretendida. Optei por procurar uma escola que apresentasse uma abordagem não tradicional de Educação Física; ou seja, a disciplina Educação Física como área de conhecimento e não apenas como atividade escolar, o que poderia dar visibilidade a novas possibilidades de abordar a temática considerando a ritualização instaurada no corpo nas aulas de Educação Física.

No processo de negociação para a escolha da escola, depois de contatos com várias instituições particulares, a conversa com o professor Betinho[9], formado há 14 anos na mesma instituição em que me formei, foi determinante para que me decidisse por aquela escola em que ele lecionava. Além de a escola reunir elementos que interessavam a esta pesquisa, o fato de já conhecer o professor Betinho contribuiria muito para a investigação.

Betinho havia sido um excelente aluno na graduação, questionador e crítico em relação à abordagem tradicional da Educação Física. A escolha desse professor fundamentou-se, também, em sua prática docente, que apresentava "sinais" da utilização da perspectiva da cultura corporal. Ou, ainda, uma prática que compreendia a Educação Física como uma área de conhecimento que tem como objeto de ensino a cultura corporal. Para Souza Júnior (2001, p. 83), área de conhecimento, ou componente curricular, pode ser definida como

> [...] um elemento da organização curricular da escola que, em sua especificidade de conteúdos, traz uma seleção de conhecimentos que, organizados e sistematizados, devem proporcionar ao aluno uma reflexão acerca da dimensão da cultura e que, aliado a outros elementos dessa organização curricular, visa a contribuir com a formação cultural do aluno. (SOUZA JÚNIOR, 2001, p. 83)

A escolha da escola Ilha Bela também se definiu pela história do Departamento de Educação Física dessa instituição, que é formado por um grupo diferenciado de professores, envolvido com uma Educação Física diversa daquela descrita como tradicional pela maioria dos autores:

---

[9] Todos os nomes de pessoas e lugares que constam nesta pesquisa são fictícios, com o objetivo de resguardar tanto a escola como os sujeitos que contribuíram para a pesquisa.

apenas os esportes coletivos eram ensinados, ou, melhor, praticados. Essas aulas de Educação Física se constituíam, essencialmente, em práticas como as que observamos nos clubes e nas ruas, sem uma intervenção pedagógica que tivesse como objetivo central provocar a reflexão sobre um aspecto tão importante da cultura humana.

A escola Ilha Bela é um estabelecimento particular de ensino, que possui 3 mil alunos, fundado na década de 1950. Mantém os cursos de Ensino Fundamental e Ensino Médio em regime de externato, com freqüência masculina e feminina, em horários matutino, vespertino e noturno (Educação de Jovens e Adultos – EJA). É uma instituição cujos princípios norteadores se baseiam no Cristianismo e na Igreja Católica. Dessa forma, o Ensino Religioso é entendido, a exemplo da Educação Física, como área de conhecimento, sendo suas aulas obrigatórias em todas as séries.

As aulas de Educação Física, na escola Ilha Bela, têm como conteúdo a cultura corporal (dança, ginástica, luta, esporte, jogos e brincadeiras). O propósito da disciplina é trabalhar tanto o saber fazer corporal, numa perspectiva inclusiva, quanto o saber sobre esse fazer corporal em suas dimensões histórica, cultural, fisiológica, lúdica e técnica.

A escolha da turma atendeu à problemática inicial proposta nesta investigação: adolescentes da 1ª série do Ensino Médio, os quais considerei, com base em minha experiência, como mulher e professora, como um grupo que se apresentava insatisfeito com a disciplina Educação Física e com seus corpos, mesmo quando eles, como observei, atendiam aos *padrões* estabelecidos socialmente.

Outro aspecto considerado para a escolha dessas adolescentes referiu-se às posturas e aos gestos corporais que costumam moldar percepções e maneiras de compreensão dessa disciplina. Ou seja, uma recusa a vivenciar as práticas corporais que compõem a cultura corporal.

A indagação central foi a de que, na aula de Educação Física, estão presentes rituais expressos por meio de uma linguagem corporal que revela um discurso ora criativo, ora de resistência, gerador de novas interpretações sobre a cultura corporal de movimento (DAOLIO, 1995a).

Metodologia

A pesquisa qualitativa

A escolha do estudo de caso justificou-se por dar ênfase ao processo de conhecer, descrever e explicar a presença de rituais na aula de Educação Física, bem como as tensões entre representações e práticas, reconhecendo que a "concepção de mundo e a prática são geralmente incoerentes e contraditórias, coexistindo nelas sentidos divergentes, cujos motivos encontram-se unicamente no rastreamento de sua história" (EZPELETA; ROCKWELL, 1989, p. 48).

Como principal procedimento metodológico, optei pela observação participante no campo, priorizando a análise qualitativa dos dados. Nesta pesquisa, os fatos foram observados, descritos e interpretados em suas relações, expressões e manifestações no cotidiano da aula de Educação Física para que pudessem revelar como os rituais interagem no cotidiano escolar e demarcam a identidade da Educação Física e das adolescentes. A observação ocorreu em diferentes espaços e situações escolares, tais como quadra, ginásio, recreio, entrada e saída dos turnos, pátio, feiras culturais e jogos olímpicos escolares. Foram utilizadas diferentes técnicas de levantamento de dados e de conhecimento dos sujeitos da pesquisa, como questionário, entrevistas formais e informais, diário de campo, registros fotográficos, conversas com alunas, professores, estagiários e funcionários.

Os procedimentos adotados para coleta de dados foram assim sistematizados:

1. observação participante e descrição detalhada do cotidiano das adolescentes, nas aulas de Educação Física e nas atividades dentro da Escola e também fora dela;

2. aplicação de um questionário às adolescentes que quiseram participar da pesquisa;

3. entrevistas semi-estruturadas com as adolescentes;

4. consulta a documentos da Escola.

No processo da investigação, com duração total de seis meses, entre pesquisa exploratória, decisões e pesquisa de campo, meu objetivo foi realizar a descrição e a interpretação do cotidiano das aulas de Educação Física observando minuciosamente como os rituais estão presentes nas aulas e no corpo das adolescentes, captando os significados que elas atribuem às práticas corporais.

O questionário contemplou questões objetivas e abertas, de cunho opinativo, dividido em quatro partes, a saber:

a) a primeira parte refere-se aos dados de identificação pessoal;

b) a segunda parte contempla os aspectos corporais e as práticas corporais;

c) a terceira parte envolve aspectos da disciplina Educação Física;

d) a quarta parte revela a posição das adolescentes frente à temática do questionário e a pesquisa em si.

Para a realização da pesquisa, foi distribuído um questionário às adolescentes que se dispusessem a responder às perguntas. Do grupo de 28 meninas da 1ª série de Ensino Médio, 20 se mostraram interessadas em participar da pesquisa.

Durante a aplicação do questionário, logo pude perceber diferentes atitudes das alunas em relação a esse instrumento e ao envolvimento na pesquisa. Algumas mostravam-se assustadas com a quantidade de páginas e perguntavam se tinham de acabar naquele momento, apesar do agendamento e da liberação de participar da aula de Educação Física. No entanto, várias adolescentes se propuseram a responder ao questionário naquele tempo destinado e combinado com o professor.

Mesmo assim, teceram alguns comentários após a aplicação do questionário que, a meu ver, revelaram, também, dados importantes para a pesquisa, quanto aos termos dos sentimentos das adolescentes em relação à temática, certamente, por ela ser tão importante e muito pouco abordada nas escolas. A insatisfação da maioria das adolescentes com a excessiva importância dada pela mídia à questão da padronização dos chamados *corpos belos* foi a tônica de vários comentários.

É importante pontuar que as dificuldades verbalizadas pelas adolescentes durante o preenchimento dos questionários foram voltadas para os seguintes aspectos:

a) adequar o discurso oral à formalidade de registro – *Eu sei o que quero dizer, mas não consigo escrever no papel* ou *Se eu colocar esta palavra, será que você vai entender?*

b) preocupação em construir as respostas, com o objetivo de atender às minhas expectativas de pesquisadora, como: *Espero que as respostas sejam o que você queria*; ou então; *Espero que possa ter ajudado.*

Os posicionamentos das adolescentes mostram que, embora tenham considerado o questionário grande e cansativo, responder às perguntas tornou-se uma reflexão sobre si mesmas e seus corpos. No que se refere às impressões das adolescentes sobre o questionário, 19 demonstraram impressões positivas e 1 afirmou que ele estava extenso e cansativo. Dentre as apreciações das meninas sobre o questionário, destaco os seguintes comentários:

> *Me senti à vontade em relação a ele; eu gostei de fazer e me senti muito à vontade com as perguntas, respondendo de forma honesta e refletindo sobre o meu corpo e minha saúde.* (Sisi)

> *Por ser algo atual, me senti bem fazendo; este questionário pode ser muito produtivo para que o professor cresça como profissional.* (Bela)

> *Em alguns momentos fiquei um pouco constrangida, mas fui percebendo que é importante.* (Nanda)

> *Percebi a maneira como eu trato o meu corpo.* (Tatá)

> *O questionário foi bem legal, mostra os pensamentos dos jovens de hoje; este questionário me fez refletir que o corpo é somente um corpo, nada mais, ou seja, não tem necessidade de sofrer tanto por causa disso.* (Claire)

> *O questionário nos leva a questionar se realmente temos uma idéia formada sobre nosso corpo ou se não somos influenciadas, de alguma forma, por outras pessoas; tive a oportunidade de refletir sobre essa questão do corpo e o cuidado.* (Mary)

Em relação à temática da pesquisa, a maioria das alunas considerou-a relevante e estimulante para compreender melhor o próprio corpo e, também, como uma possibilidade de conteúdo a ser abordado pela disciplina Educação Física. As falas estão muito próximas do que disseram em relação ao questionário. Seguem algumas colocações das adolescentes em relação à temática:

> *A sociedade, infelizmente, está muito preocupada com o corpo feminino, onde quem não tem um corpo em forma não consegue arrumar um namorado.* (Nathy)
>
> *Esse é um tema muito importante para ser tratado, principalmente entre os alunos durante as aulas de Educação Física. Muitas vezes os alunos e professores não levam em consideração o corpo feminino durante as atividades.* (Dita)
>
> *O corpo feminino é uma preocupação para todas as garotas. Hoje, a pessoa que não está com o corpo ideal imposto pela sociedade é muitas vezes discriminada e não aceita pela sociedade.* (Rinha)
>
> *O corpo feminino das adolescentes do Ensino Médio na aula de Educação Física é um tema que deve levar em conta também a influência da mídia na mentalidade volúvel adolescente.* (Mari)
>
> *É importante. Quando eu estava respondendo a este questionário, fui percebendo que muitas vezes fui indiferente ao meu corpo.* (Bah)
>
> *Eu acho este tipo de temática interessante pois nos faz refletir sobre algo tão nosso – o nosso corpo.* (Vivi)

Apresentei esses elementos relativos aos percursos de realização da pesquisa porque os considero muito relevantes não apenas para a validação deles, mas também para apontar a complexidade e a densidade do que é *estar ao campo*. Independentemente das "reações" das adolescentes à temática colocada na investigação e expressa nas perguntas feitas sobre o questionário, suas falas foram significativas não apenas para avaliar esse instrumento, mas para a discussão da temática do estudo. Assim, as posturas, as surpresas e inquietações que o preenchimento do questionário provocou, tanto quanto a colaboração e/ou as justificativas para não fazê-lo confirmaram, mais uma vez, o estranhamento e a ausência da discussão das questões que permeiam o corpo na escola.

No que refere à análise dos dados coletados, optei pelo tratamento estatístico elementar de alguns tópicos, quesitos, aspectos ou dimensões da problemática investigada oferecidos nas respostas às perguntas. Outros foram trabalhados por meio de agrupamento de respostas, com sentidos próximos ou semelhantes. Nesse aspecto, não foi fundamental a incidência numérica dos "tipos de resposta", mas o valor dela, o seu conteúdo ou significado, ou, ainda, o tipo de indicação a que elas me remetiam, sob o aspecto de seu conteúdo e de sua qualidade, de acordo com os propósitos dessa investigação.

A Educação Física na Escola Ilha Bela

Do mês de março ao mês de agosto de 2005, passei as manhãs à beira das quadras da escola. Acompanhei todas as aulas de Educação Física de uma turma de 1ª série do Ensino Médio [aulas geminadas de 100 minutos], recreios, feiras culturais, entradas e saídas de alunos, e também Jogos Olímpicos Escolares. A aula acontecia às 12h35, após seis aulas em sala.

Ao chegar à escola, fui apresentada aos professores de Educação Física, aos estagiários e ao pessoal de apoio ao Departamento de Educação Física, o qual era composto por 12 professores. A equipe da escola é composta de 4 professoras e 8 professores. A Educação Física é oferecida para as turmas de Educação Infantil até a 3ª série do Ensino Médio. Desse departamento, 4 professores eram da minha época de faculdade, o que ocasionou uma grande receptividade e curiosidade com a temática da minha pesquisa.

Após assistir à primeira aula, em meados de março, aproveitei para conhecer o interior da escola. De início, fiquei surpresa com a quantidade de espaços próprios para as aulas de Educação Física e também com o tamanho da escola, pois, olhando-a do lado de fora, não aparentava ser tão grande.

A escola Ilha Bela é composta de dois prédios: um atende à Educação Infantil e ao Ensino Fundamental I e o outro, aos alunos da 5ª série do Ensino Fundamental II à 3ª série do Ensino Médio. No primeiro prédio, existe uma quadra externa bem grande, dividida em três espaços próprios para a Educação Física. Já no segundo prédio, existem um ginásio com quadra poliesportiva, uma quadra pequena coberta, um espaço ao lado do ginásio onde são desenvolvidos pequenos jogos e brincadeiras. Não posso deixar de fazer referência ao espaço em que são guardados o material da disciplina, aliás, um vasto repertório, como bolas, cama elástica, plinto, trampolim, cones, cordas, colchões e muitos outros, de que normalmente dispõem as escolas particulares de grande porte.

Foto 1 – Quadra externa
Fonte: Acervo da autora

Foto 2 – Ginásio Poliesportivo
Fonte: Acervo da autora

Na Educação Física do Ensino Médio havia apenas uma turma em cada horário de aula, sem divisão de espaços entre as turmas. Os professores, os meninos e as meninas faziam aulas juntos, significando que, nessa escola, não se estabelecia uma divisão polarizada entre os gêneros, como é comum encontrarmos em algumas escolas.

Entendo gênero como

> [...] a forma pela qual as capacidades reprodutivas e as diferenças sexuais dos corpos são trazidas para a prática social e tornadas parte do processo histórico. No gênero, a prática social se dirige aos corpos. Através dessa lógica, as práticas são corporificadas, sem deixar de ser sociais. (CONNEL apud ALTMANN, 1998, p. 42)

Na Educação Física da Escola Ilha Bela, o feminino e o masculino se construíam com base em relações sociais – não, separadamente; um em relação ao outro – não, em oposição. Assim, não era negada aos meninos e às meninas a possibilidade de estarem juntos, reconstruindo variações no gênero e não considerando apenas diferenças de gênero. Segundo Souza (1994), quando a Educação Física determina turmas separadas por sexo, conteúdos diferenciados para homens e mulheres, professor para alunos e professora para alunas, e ao caracterizar sexualmente os gestos, explicita valores sacralizados pelo patrimônio cultural de nossa sociedade.

Apesar de o foco das minhas observações terem sido a prática e o envolvimento das alunas, um aspecto que me chamou a atenção foi a freqüência às aulas. O número de alunos e alunas presentes às aulas de Betinho foi sempre em torno de 90%, o que me permite acreditar que isso ocorria dado o interesse do professor em construir uma prática diferente, sem o caráter de rotina, de repetição. Ele sempre procurava se envolver com todos os alunos, conversando com os que estavam à margem da quadra para que se incluíssem nela, intervindo quando necessário nas atividades, discutindo com todos outras possibilidades para a dinâmica das atividades e avaliando sempre as possíveis aprendizagens. Essas atitudes foram recorrentes ao longo da pesquisa, o que me possibilitou classificá-las como um tipo de ritual de instrução, como será explicado no próximo capítulo.

Foto 3 – Início da aula – professor reunido com a turma no centro da quadra
Fonte: Acervo da autora

A proposta pedagógica

Ao iniciar esta pesquisa e por tudo que já foi discutido sobre a Educação Física neste trabalho, o pressuposto é de que não encontraria uma experiência escolar que revelasse uma prática pedagógica de Educação Física no Ensino Médio cuja referência principal fosse a perspectiva esportivista ou recreativa. E foi o que contatei.

Primeiramente, pude perceber que a proposta pedagógica era fruto de um trabalho de todo o departamento, e não de iniciativas isoladas. Um processo de construção que ocorreu após uma avaliação minuciosa do ano que se findava para a reconstrução da proposta para o ano que iria iniciar-se.

Desse modo e examinando a proposta pedagógica de Educação Física, constatei que, na escola Ilha Bela, o objeto de ensino da Educação Física é entendido como cultura corporal. Nesse sentido, o Departamento de Educação Física entende a aula como tempo e espaço para conhecer, experimentar, organizar e reconstruir as práticas corporais da cultura, refletindo sobre essas práticas com base em diferentes dimensões: históricas, sociais, culturais, políticas, lúdicas, fisiológicas, técnicas, táticas, dentre outras.

Conteúdos da Educação Física

Na Proposta Pedagógica de Educação Física, a escola é considerada como espaço privilegiado e, às vezes, o único espaço para o conhecimento de algumas práticas corporais, considerando a diversidade um princípio fundamental na organização do plano anual de curso. Esse enfoque comunga com o que Tarcísio Vago

(1997) define como principal limitação de alguns projetos atuais de Educação Física escolar: a esportivização exagerada, que gera um "analfabetismo" de alunos em outras práticas da cultura de movimento, como os jogos e brincadeiras, as danças, a capoeira, a ginástica, as lutas, dentre outros.

No referido documento, está escrito que o trabalho com as práticas corporais deverá ser desenvolvido preferencialmente na ordem apresentada nos quadros abaixo:

Quadro 1
Conteúdos de 1ª a 4ª séries do Ensino Fundamental

	1ª	2ª	3ª	4ª
Fevereiro/Março	Handebol Frescobol	Basquete Tênis de mesa	Vôlei Badminton	Futebol Tênis
Abril/Maio	Festa junina Danças do Norte	Festa junina Danças do Sul	Festa junina Danças do Centro Oeste e do Nordeste	Festa junina Danças do Sudeste
Junho/Julho	Festival de jogos	Festival de jogos	Festival de jogos	Festival de jogos
2º Semestre	Brincadeiras de lutas	Circo	Judô/Sumô	Capoeira
Seqüência de conteúdos decidida pelo professor com a turma	Ginástica olímpica/solo	Ginástica rítmica	Ginástica Olímpica/Salto	Ginástica geral acrobática
	Jogos e brincadeiras em roda	Jogos e brincadeiras sucata	Jogos e brincadeiras de rua	Jogos e brincadeiras Jogos derivados

Fonte: Proposta pedagógica de Educação Física de 2005

Quadro 2
Conteúdos de 5ª a 8ª séries do Ensino Fundamental

	5ª	6ª	7ª	8ª
Fevereiro/Março	Ginástica olímpica e geral	Dança folclórica	Circo	Futebol
Abril	Lutas karatê e judô	Atletismo	Capoeira	Ginástica de academia
Maio Junho/Julho	Festival de jogos Basquete	Festival de jogos Vôlei	Festival de jogos Handebol	Festival de jogos Quadrilha
Agosto/Setembro	Dança – nacional internacional	Lutas	Dança de salão	Esportes da natureza
Outubro/ Novembro	Jogos e brincadeiras Sucata	Jogos e brincadeiras Raquete, bastão e peteca	Jogos e brincadeiras internacionais	Jogos e brincadeiras de rua

Fonte: Proposta pedagógica de Educação Física de 2005

Quadro 3
Conteúdos ddo Ensino Médio

	1ª	2ª	3ª
Fevereiro/Março	Jogos de raquete, Bastão e peteca	Circo	Ginástica de academia e práticas corporais para portadores de deficiência
Abril	Atletismo	Capoeira	Profissões no esporte
Maio/Junho/Julho	Vôlei, basquete e Festival de Jogos	Futebol, Handebol e Festival de jogos	Quadrilha e Festival de Jogos
2º semestre	Lutas e defesa pessoal	Dança de Salão Dança Folclórica	Brincadeiras e construção de brinquedos
Seqüência de conteúdos decidida pelo professor com a turma	Ginástica Geral	Esportes radicais e da natureza	Grupos de interesse
		Jogos derivados dos esportes	

Fonte: Proposta pedagógica de Educação Física de 2005

O Departamento de Educação Física, ao propor tamanha diversidade de conteúdos como informam os quadros, aponta para a ampla possibilidade da prática docente, superando a limitação dos projetos anuais de Educação Física escolar em geral, ou seja, a "esportivização" exagerada.

Organização e planejamento das aulas

A metodologia e os procedimentos de ensino expressos no Projeto Pedagógico aproximam-se da postura pedagógica do trabalho por projetos, planejamento participativo, contextualização e consideração do conhecimento prévio dos alunos.

Mais uma vez, a orientação da prática da Educação Física na Ilha Bela revela o pensamento, ou melhor, a leitura do pensamento de Vago (1997). Para esse autor, duas possibilidades devem ser consideradas na construção de conhecimento e na produção da cultura corporal escolar: conhecer e problematizar, junto com os alunos, as práticas esportivas que os seres humanos produziram ao longo de sua história cultural: vivenciar, conhecer, criticar e transformar as práticas corporais já produzidas; e recriar outras práticas esportivas ainda não inventadas – um novo jogo, um novo esporte, uma nova dança, uma nova forma de ginástica ou de luta, enfim, uma prática produzida na própria escola, com sentido próprio e valores coerentes para os alunos.

Como afirma Vago (1997), não se trata da mera transmissão de práticas da cultura corporal de movimentos já produzidos fora da escola, como se elas fossem intocáveis, mas, exatamente, de transformar essa cultura. É com esta cultura transformada, produzida na escola, que a Educação Física poderá intervir na cultura corporal da sociedade.

Além dos professores do Departamento de Educação Física proporem uma prática docente com tamanha diversidade de conteúdos, foram utilizadas, ainda, outras referências para o planejamento das aulas. Eles acreditavam que as questões indicadas no próximo quadro poderiam favorecer a construção de uma Educação Física diferenciada.

Quadro 4
Dimensões do saber

Questões de caráter conceitual	Questões de caráter procedimental/atitudinal
Qual a origem histórica das práticas corporais?	Que práticas corporais sabemos realizar?
O que acontece com nosso corpo quando realizamos práticas corporais?	Como organizar, reconstruir, transformar ou criar uma prática corporal para o lazer ou para o treinamento de alto nível?
Quais as práticas corporais mais comuns nas diferentes regiões do Brasil e do mundo?	Quais os elementos técnicos e táticos das práticas corporais?
Qual o sentido das formas "oficiais" ou "corretas" de se organizar e participar de práticas corporais?	Somos essencialmente cooperativos e aparentemente competitivos e/ou aparentemente cooperativos e essencialmente competitivos?
Qual a diferença entre as práticas corporais?	Como podemos construir brinquedos?
Que representações de corpo circulam atualmente?	Como aprender elementos técnicos ou táticos das práticas corporais?
Qual o sentido atribuído pela mídia às práticas corporais?	Como adaptar as práticas corporais às peculiaridades de espaço, habilidade, interesse, sentido, etc.?
O que caracteriza uma prática de lazer ou de alto nível? O que é lazer? O que é alto nível?	Como interagir com o outro nas práticas corporais de forma a incluí-lo e compartilhar aprendizagens?
Qual o sentido das práticas corporais?	
Como se classificam as práticas corporais?	
Quais as dimensões do conhecimento das práticas corporais?	

Fonte: Proposta pedagógica de Educação Física de 2005

Percebe-se que a classificação adotada pelo departamento (Quadro 4) é baseada em Zabala (1998), que amplia a compreensão sobre os conteúdos de ensino ao discutir suas três naturezas: procedimental, atitudinal e conceitual. Essa

COLEÇÃO CULTURA, MÍDIA E ESCOLA

classificação corresponde às seguintes questões: O que se deve saber fazer? (dimensão procedimental); Como se deve ser? (dimensão atitudinal); e O que se deve saber? (dimensão conceitual) – com a finalidade de alcançar os objetivos educacionais.

A meu ver, para esses professores, não basta ensinar aos alunos a técnica dos movimentos, as habilidades básicas, ou mesmo as capacidades físicas. É preciso ir além e buscar garantir o direito dos alunos de saber por que eles estão realizando esta ou aquela prática, isto é, quais conceitos estão ligados àqueles conteúdos. Só assim, poderá ser construída uma rede de significados em torno do que o aluno aprende na escola e do que ele vive.

Eventos promovidos pela Educação Física

Para o ano letivo de 2005, o Departamento de Educação Física propôs a organização dos seguintes eventos e atividades:

Quadro 5
Eventos

	Evento/Atividade	Série
Fevereiro	Recepção dos alunos da 1ª série (02/02)	1ª série – Ens. Fundamental
	Brincando em família (12/02)	1ª série – Ensino Fundamental
Março	Apresentação de esportes para deficientes	Ensino Médio
Abril	---------------------	--------------
Maio	Semana da dança	Todas as séries – Ens. Fund. e Ens. Médio
Junho	Quadrilha na festa junina	1ª a 4ª, 8ª – Ens. Fund. e 3º – Ens. Médio
	Semana do esporte	Todas as séries – Ens. Fund. e Ens. Médio
Julho	Festival de jogos	Todas as séries – Ens. Fund. e Ens. Médio
Agosto	Semana de jogos, brincadeiras e capoeira	Todas as séries – Ens. Fund. e Ens. Médio
Setembro	Semana das lutas	Todas as séries – Ens. Fund. e Ens. Médio
Outubro	Semana da ginástica e do circo	Todas as séries – Ens. Fund. e Ens. Médio

Fonte: Proposta pedagógica de Educação Física de 2005

Percebe-se que a Educação Física, como elemento da organização curricular da escola, apresenta sua especificidade de conteúdos que pode favorecer a formação, a produção e a reflexão sobre aspectos culturais, visando, assim, contribuir para a formação de alunos críticos. O conhecimento da disciplina é socializado e apropriado sob a manifestação de um conjunto de práticas que podem contribuir para que os alunos adquiram maior autonomia na vivência, na criação, na elaboração e na organização dessas práticas.

Avaliação

Para o Departamento de Educação Física da Escola Ilha Bela, a avaliação tem papel fundamental. Segundo a Proposta Pedagógica, essa avaliação deve levar em conta o objetivo geral e os objetivos específicos da disciplina, tendo-os como referências para apreciar a aprendizagem dos alunos, o processo de construção de conhecimentos e a intervenção pedagógica.

Os procedimentos de avaliação indicados foram os seguintes:

Quadro 6
Avaliação

Avaliação do conhecimento das dimensões históricas, fisiológicas, técnicas, sociais, culturais, táticas, políticas da cultura corporal.	Avaliação do saber organizar práticas corporais de forma autônoma.	Avaliação do saber participar de diferentes práticas da cultura corporal de forma solidária, includente, lúdica e criativa.
Trabalhos de aplicação (produção de aulas, vídeos, coreografias, jornais, páginas na Internet, práticas, teatros, cartazes, pôsteres, portfólios, etc.).	Quadro de observação dos alunos em relação a autonomia, cooperação, criatividade, escuta do outro, interferência na organização das atividades.	Observação da participação nas práticas em relação à solidariedade, à inclusão, à ludicidade, à criatividade, à não violência (corporal ou verbal), ao envolvimento (praticando/auxiliando).
Reprodução ou criação de elementos técnicos/táticos das diferentes manifestações da cultura corporal.	Registro individual/coletivo da participação na organização das atividades.	

(cont.)

(cont.)

Reprodução ou criação de elementos técnicos/táticos das diferentes manifestações da cultura corporal.	Registro individual/coletivo da participação na organização das atividades.	
Desafios envolvendo algumas das dimensões da cultura corporal.	Produção de documentos escritos de roteiros das atividades organizadas pelos alunos (regulamentos, coreografias, projetos, etc.).	
Acompanhamento do interesse em aprender sobre as diferentes dimensões da cultura corporal.	Tarefas relâmpago relativas ao conteúdo trabalhado.	
Registro pessoal sobre a construção do conhecimento.		

Fonte: Proposta pedagógica de Educação Física de 2005

Pode-se perceber que a observação da prática escolar que o departamento organizou deve estar ligada à compreensão do lugar da avaliação em todo o processo.

Para Sacristan e Perez Gomez (1998 *apud* SILVEIRA, 2004, p. 44), a avaliação

> incide sobre todos os demais elementos envolvidos na escolarização: transmissão do conhecimento, relações entre professores (as) e alunos (as), interações no grupo, métodos que se praticam, disciplina, expectativas de alunos (as), professores (as) e pais [...].

Desse modo, são atribuídos 60% dos pontos de cada trimestre para a participação, que diz respeito aos procedimentos de avaliação que acompanham a aprendizagem do aluno durante as aulas de Educação Física. A participação nas aulas é muito valorizada, seja em direção ao conhecimento das dimensões da cultura corporal, seja em direção à aprendizagem da organização. À produção relativa aos procedimentos de avaliação que registram a produção e a apresentação de trabalhos feitos pelos alunos caberia o restante dos pontos de cada trimestre nessa categoria.

É possível perceber que esse processo avaliativo não incorpora os princípios da exclusão e de performance, mas, sim, oportuniza um exercício da criatividade e formação de um aluno crítico diante das diferentes práticas corporais.

Quanto ao registro da avaliação dos alunos, seria feito por meio de diários e carômetros de cada turma, sendo transformada em pontos para registro no boletim. Para efeito de transformação em pontos, cada procedimento de avaliação deveria ser anotado e valorado em uma das categorias: nota ou avaliação.

A avaliação e a nota, assim, não deveriam ser utilizadas, de acordo com a Proposta Pedagógica de Educação Física, como instrumento de pressão sobre o aluno ou de classificação dele. Serviam apenas como procedimentos para apreciar tanto as aprendizagens quanto a intervenção pedagógica do professor, constituindo-se em referência para possíveis mudanças na organização da própria disciplina.

Uma análise preliminar

Com base na análise dessa Proposta Pedagógica e das minhas observações de campo, posso afirmar que a Educação Física na Escola Ilha Bela é uma prática de significação, definição que, para Daolio (2004, p. 73), seria

> [...] uma Educação Física que pretenderia atuar sobre o aluno no que concerne às suas manifestações corporais eminentemente culturais, respeitando e assumindo que a dinâmica cultural é simbólica e, por isso mesmo, variável, e que a mediação necessária para essa intervenção é necessariamente, intersubjetiva.

Para tanto, cabe ao professor de Educação Física a responsabilidade de articular o emaranhado de significados produzido pelos alunos, considerando, sempre, o *fato social total* diversidade cultural.

"À beira da quadra, da sala, do pátio": meu ritual de observação ou a observação como ritual

Vão chegando um, dois, três; daqui a pouco são vários. Eles vêm de uniforme próprio para a aula de Educação Física – tênis, calça de moletom ou de lycra, camiseta de algodão, bermuda – outros de calça jeans, algumas alunas usam o uniforme, mas compram blusas de tamanho infantil – "blusinhas" *baby-look*.

Alguns começavam a se sentar à beira da quadra, outros, a brincar com bolas ou materiais que seriam utilizados naquele dia. Era sinal de que a aula de Educação Física ia começar. Havia sempre muito barulho, mas o professor optava por não gritar ou utilizar apito [Betinho não tinha apito, o que vai contra as representações sociais de um professor de Educação Física – apito, boné, *trainning*, tênis e garrafinha de água]. Esse professor chama a turma e senta-se no chão da quadra, com seu jeito tranqüilo e sereno; os alunos e as alunas vão sentando e completando a formação de um círculo. Assim que o grupo todo se encontra sentado, o professor coloca-se de pé e informa sobre a atividade da aula daquele dia. Depois de assistir a várias aulas, pude perceber que se assentar no chão era um recurso ou um *ritual* utilizado pelo professor que favorecia a concentração dos alunos e alunas nas suas informações, aspecto sobre o qual falarei mais à frente.

Foto 4 – Chegada dos alunos para a aula de Educação Física
Fonte: Acervo da autora

Foto 5 – Chegada dos alunos para a aula de Educação Física
Fonte: Acervo da autora

"À BEIRADA QUADRA, DA SALA, DO PÁTIO": MEU RITUAL DE OBSERVAÇÃO OU A OBSERVAÇÃO COMO RITUAL

Foto 6 – Chegada dos alunos para a aula de Educação Física
Fonte: Acervo da autora

Quando o professor termina a exposição, começa o *rotineiro ou ritualístico* alongamento, que dura, aproximadamente, 10 minutos. O professor dirige os movimentos, cada um os faz à sua maneira, uns mais concentrados, repetem da mesma maneira, outros ficam apenas conversando, fazendo apenas "de conta" que estão alongando.

A turma é dividida em pequenos grupos – mistos, ou meninas e meninos. Alguns se apresentam prontos e ansiosos para começar as atividades, outros – na verdade, "outras" – permanecem conversando e totalmente desligados daquele momento.

No transcorrer da aula, meninos e meninas movimentam-se pela quadra procurando um jogo corporal – para alguns de aceitação e para outros, de rejeição. Percebo que essa aceitação ou rejeição está intimamente ligada aos conteúdos, ou seja, ao modo como os conteúdos são apropriados pelo professor e aos vínculos que se estabelecem entre os alunos durante a transposição de conhecimentos acadêmicos.

> *O conteúdo que eu mais gosto é aula prática, onde eu tenho oportunidade de me divertir com meus amigos... Eu acho que tem que ensinar alguns fundamentos básicos.* (Sisi)

> *As aulas são diversificadas, tenho oportunidade de realizar uma atividade sem muita teoria e em contato com meus amigos [...]. Eu gosto dos esportes mais conhecidos, como o vôlei.* (Rol)

> *Gosto dos jogos de quadra, handebol.* (Ri)

> *Eu gosto de badminton, peteca, futebol; gosto de aulas práticas desses esportes.* (Mari)

> *Sempre participo porque me divirto; raramente fico parada.* (Tatá)

> *Tenho aula semanalmente e é importante para o corpo.* (Nanda)

> *Sempre participo, mesmo que não goste.* (Bah)

> *Só participo quando a atividade me agrada.* (Mari)

> *De vez em quando eu não faço nada na aula.* (Claire)

> *Quando é aula de esportes, fico sentada esperando a aula acabar.* (Bela)

Pode-se perceber que as alunas atribuem à prática da disciplina Educação Física um conjunto de significados: ponto de encontro, atividade física, esporte, lúdico e saúde. A experiência, tanto individual quanto grupal, é a expressão da cultura de um indivíduo ou grupo. Para Durham (1984), citado por Daolio (1995a), a noção de cultura parte da unidade entre ação e representação/significado, ou seja, toda ação das alunas da Escola Ilha Bela possui um conteúdo significativo.

A aula, geralmente, é dividida em três momentos: alongamento, atividade/exercício educativo e atividade/esporte ou jogo propriamente dito, podendo ter a duração de 100 minutos, independentemente da disposição e do entusiasmo dos participantes. Geralmente, na finalização da aula, o professor, novamente, senta-se no chão e faz uma avaliação da aula dada e também faz a chamada.

Esta é apenas uma breve descrição de uma aula de Educação Física, da única turma observada durante a pesquisa, cujo objetivo é convidar o leitor a sentar-se à beira de diversos espaços escolares, principalmente da quadra, e participar da leitura desse momento como um evento condensador de rituais.

O sistema ritual

O campo cultural da aula de Educação Física na Ilha Bela era um sistema ritual com vários atos formalizados, expressivos, que podiam ser percebidos nas condutas individuais ou coletivas relativamente codificadas, com suporte corporal, principalmente, gestual e postural. No primeiro momento da pesquisa, tinha o meu olhar focado apenas nas adolescentes e seus corpos, mas percebi que, ao analisar esse campo em sua totalidade, seria impossível não observar como a instrução era organizada e executada pelo professor Betinho. Analisei a instrução tanto no espaço da sala de aula quanto nos espaços em que acontecia a aula de Educação Física, meu principal foco, tendo como referência a tipologia adotada por Peter Mclaren, que faz a seguinte divisão: os rituais de instrução compreendidos em:

1. *Macrorritual:* o conjunto de lições isoladas que ocorriam no dia escolar;

2. *Microrritual:* consistia nas lições individuais que ocorriam no dia-a-dia e nas aulas de Educação Física.

Como pontua McLaren (1991), os macrorrituais e os microrrituais podem ser compreendidos como uma variação primária do rito de passagem[10]. No caso da Escola Ilha Bela, as adolescentes nas aulas de Educação Física experimentavam situações de fracasso corporal nas diversas práticas, principalmente em alguns esportes. Esse fracasso era um risco que algumas adolescentes enfrentavam quando optavam tanto por vivenciar determinada prática no dia-a-dia – por exemplo, as atividades executadas em grupos nos circuitos da aula de Educação Física, perguntas em aula, testes surpresa – quanto práticas mais formais, como os jogos do torneio "Solidariedade e Paz no Esporte".

3. *Rituais de revitalização*, cuja função é estimular a participação e o compromisso por parte das adolescentes durante as aulas. De meu caderno de campo, transcrevo alguns registros sobre esse tipo de ritual.

4ª feira, 13 de abril

[...] Percebi que as meninas pararam de conversar e praticaram a atividade proposta de maneira participativa. Já no rodízio seguinte, chegaram a assentar-se, e só se levantaram quando o professor estimulou a participação delas e orientou-as.

No encerramento da aula, o professor fala do "querer aprender", quando explica que a aula não tem como objetivo buscar a tática ou técnica refinada, mas, sim, a participação de todos. Betinho questiona o comportamento de alguns meninos e meninas que ficaram a maior parte do tempo conversando.

---

[10] Cf., também, VAN GENNEP, 1924. In: SEGALEN, 2002.

4. *Rituais de resistência,* que são os rituais de conflito que compartilham duas formas distintas: ativa e passiva. No caso da aula de Educação Física, identifico as duas formas de rituais de resistência: ativa – as adolescentes executam os movimentos de maneira displicente e "debochada"; passiva – quando há conversas excessivas durante a prática, comparecimento ao ambiente da aula sem uniforme próprio e a utilização de atestados médicos sem que houvesse necessidade física para justificá-los. Algumas falas das meninas me mostram esse comportamento ritual:

> *Quando eu tô fazendo uma atividade que eu não gostaria de fazer, eu fico mole, fico com sono. Agora não... Quando eu tô jogando um vôlei, um handebol que são os esportes, que eu gosto mais, eu fico muito ativa. Eu suo, muito rápido, transpiro muito rápido. E adoro. Não canso.* (Sisi)

> *Só que a gente joga avacalhado, deixa o outro time ganhar. Porque você só tá obrigado a jogar e não sabe, então, fica só no meio do campo fingindo que tá jogando. Fico conversando, aí de vez em quando vou lá, finjo que tô jogando.* (Bela)

> *Se eu não gosto da aula eu fico mesmo, assim, quietinha, sentada, desanimada, cabisbaixa, assim com preguiça. E se eu gosto, eu faço a atividade, mostro interesse. Mas se me interessar mesmo. Senão... não consigo.* (Rol)

> *Se eu não gosto, eu finjo, tipo assim, eu tento não fazer de tudo. Agora, se eu gosto, eu faço numa boa. Se for jogar vôlei, assim, eu faço tranqüila... eu fico lá parada, fazendo de conta que tô jogando.* (Pam)

> *Quando eu não gosto, jogo mais devagar, com certeza.* (Aninha)

Fotos 7 e 8 – Alunas participando do jogo – postura de recusa (mãos no bolso e mãos cruzadas)
Fonte: Acervo da autora

Com base nessas falas, fica claro a que resistência quero me referir: o comportamento de oposição *corporal* da aluna tem tanto um sentido simbólico e histórico como vital e que contesta a significação das práticas corporais da escola:

> As resistências são, na expressão de Turner, experiências *liminares* que ocorrem entre os alunos que começam a transitar por símbolos não legitimados e que tentam ridicularizar a autoridade, flexionando, por assim dizer, os músculos de sua contracultura. (TURNER apud MCLAREN, 1991, p. 202)

Descrevendo e interpretando o sistema ritual na Educação Física

É preciso ficar claro que os rituais instrucionais existem com base na relação com o contexto e justaposições do ambiente escolar. Para interpretá-los, é necessário entender os aspectos históricos e situacionais nos quais o ritual é representado; não basta buscar signos e símbolos. A meu ver, não basta ensinar às alunas a técnica dos movimentos, as habilidades básicas ou capacidades físicas; é preciso que se perceba quais as possibilidades de exercícios de práticas corporais elas vislumbram. Por exemplo: como forma de ascensão social, como espaço de encontro, como lugar de tédio e rotina sem sentido, dentre outros.

Com essas considerações, busquei avaliar se as situações ritualizadas da instrução nas aulas de Educação Física mediatizavam a favor ou contra a organização e os conteúdos das aulas de Educação Física. Assim, os rituais podem ser considerados *bons* se possibilitam à adolescente refletir criticamente e vivenciar, criar, elaborar e organizar práticas corporais que lhe permitam expressar, à maneira dela, e perceber por si própria o saber cultural que seu corpo contém; e podem ser considerados *ruins* se eles restringem essa possibilidade.

A seguir, descrevo e interpreto o conjunto de aulas observadas tendo como base os registros de meu caderno de campo e a literatura que norteou o meu trabalho durante o tempo desta investigação.

Estados de interação

O repertório ritual das aulas de Educação Física na Ilha Bela não apresenta, como já observei em outras escolas, práticas de ensino improvisadas, mas, sim, uma Educação Física cujas vivências corporais permitem às alunas pensar em opções que façam com que elas próprias deixem de se excluir de determinadas atividades.

Na referida pesquisa de McLaren (1991), que explica como o corpo serve de instrumento de dominação e opressão, mas também se transforma em instrumento de resistência à dominação, foram apontados quatro estados interativos: o estado de esquina de rua, o estado de estudante, o estado de santidade e o estado de lar. O autor queria sugerir estilos de interação com o ambiente e com os outros que poderiam ser apropriadamente rotulados de "conjuntos de comportamentos". Conjunto organizado de comportamentos, dos quais surge um sistema central de práticas vividas. Esses quatro estados de interação, segundo McLaren, estão ligados ao sistema central, uma vez que constituem as principais formas de sensibilidades rituais.

No caso da Escola Ilha Bela e pelas minhas observações, tomei a liberdade de apontar três estados de interação: o estado de esquina de rua, o estado de estudante e o último, criado com base em minhas observações, *o estado de quadra.*

Nesse sentido, o estado de esquina de rua, para McLaren, representava o comportamento que os estudantes apresentavam nos arredores da escola (praças, centros comerciais e lanchonetes) e, também, no pátio da escola. Pode-se entender esse estado como uma *maneira* de se relacionar com pessoas, com ambientes; um estado catártico, no qual os alunos se soltam e extravasam diversos sentimentos: "Os alunos são donos de seu próprio tempo, enquanto uma coletividade... representam seus papéis e *status* que refletem predominantemente a dinâmica de suas relações com os colegas e suas identidades" (MCLAREN, 1991, p. 132).

Outro aspecto que me chama atenção nesse estado é o movimento corporal, pelo qual o aluno se expressa à maneira dele, fisicamente livre para fazer farra, contorcerse, tocar o outro, ser barulhento, ou seja, poder ser imprevisível. É um momento em que várias atividades acontecem simultaneamente e são envolvidas pelo aspecto lúdico.

4ª feira, 27 de abril

Consegui identificar a maioria dos alunos da turma que observo espalhados pelo pátio da escola, mas não muito distantes uns dos outros. Um grupo de dez

> meninos conversava animadamente, e a cada instante chegavam mais meninos e também meninas. Eles trocavam cumprimentos padronizados: se davam pequenos empurrões, abraçavam as colegas, beijavam no rosto meninas de outras turmas. Apesar de o grupo das "meninas" ficar um pouco à parte da turma, também estava próximo do grande grupo. Após ouvirem o sinal, deslocavam-se em grandes grupos para a sala, subiam conversando e rindo, mas já começavam a entrar no clima do estado de estudante.

O estado de estudante é aquele em que o corpo do aluno é observado e seu desempenho verificado, para que se possa avaliar se ele satisfaz as expectativas da instituição escolar e atende às orientações impostas. "O estado de estudante se refere a uma adoção de gestos, disposições, atitudes e hábitos de trabalho esperados do ser estudante. O principal tema é trabalhar duro" (MCLAREN, 1991, p. 137). Quanto ao movimento corporal, pode-se dizer que não há movimento; o importante é ficar quieto, bem assentado, obediente, com gestos já sistematizados, ou seja, movimentos rotineiros.

> *4ª feira, 15 de junho*
>
> Nesse dia, o professor estava em pé à frente da turma, aguardando o momento próprio para a entrega das provas. Após alguns minutos de silêncio, ele disse: *Estou esperando vocês ficarem prontos para fazer prova, não estou com pressa; na hora que todo mundo estiver assentado e em silêncio, eu a entrego.*

O estado de quadra

O *estado de quadra* surgiu da minha observação direta e das conversas e entrevistas com as alunas. É um estado apresentado nos espaços utilizados pelo professor de Educação Física em que se misturam o estado de rua e o estado de estudante, ou seja, um estado intermediário do ser fisicamente livre e não ser. Foi possível perceber um ritmo corporal animado, com ações espontâneas no momento de chegada para aula. Mas, a partir do momento em que o professor informou qual seria a atividade do dia, alguns corpos *femininos* passaram a exibir disposições, gestos e atitudes formais, tornando-se corpos tristes, apáticos.

> *A gente chega, e ele fala: 'hoje é dia de basquete' Só que eu não sei jogar basquete. Então como é que eu vou gostar de praticar uma coisa que eu não sei jogar. Aí não ensinando você não vai jogar certo e não vai prazer de jogar aquilo. (Bela)*

> *A Educação Física já não é muito interessante para mim, para minha idade. E aí fica muito difícil. Quando a gente é menor e tem mais disposição, a gente gosta mais de esporte. (Rol)*

4ª feira, 9 de março

Como tinha como objetivo apropriar-me da teoria de rituais no campo cultural da Escola Ilha Bela, principalmente na aula de Educação Física, dei o primeiro passo observando a turma escolhida durante toda uma manhã, como uma maneira de perceber como acontecia o "macrorritual", pois esse consistia em um conjunto de lições de sala de aula, de períodos compreendidos antes, depois e entre as lições, segmentos que englobam todo o dia escolar.

O macrorritual é aquele composto de uma variedade de microrrituais, apresentando um formato regular, repetitivo e prescrito. No caso da escola Ilha Bela, na quarta-feira [dia da minha observação], o macrorritual apresentava-se da seguinte maneira:

Segmento 1

Entre sete e sete e quinze da manhã, os alunos passam pela transição do estado de esquina de rua para o estado de estudante. Esse último estado acontece na maior parte da manhã, quando os estudantes ficam "à mercê" das normas disciplinares e da autoridade dos professores.

Figura 1
Fonte: Elaborada pela autora

Segmento 2

Entre sete e quinze e oito e cinco, os alunos permanecem em estado de estudante, com movimentos corporais reduzidos a pequenas "mexidas" na carteira.

Figura 2
Fonte: Elaborada pela autora

Segmento 3

Por aproximadamente três minutos, os alunos passam do estado de estudante para o estado de esquina de rua, no qual podem levantar-se das carteiras, esticar os corpos, andar até a carteira dos colegas. Esse é o momento em que os professores trocam de turma.

Figura 3
Fonte: Elaborada pela autora

Segmento 4

Assim que o professor chega, os alunos retornam ao estado de estudante de oito e cinco até oito e cinqüenta e cinco. Não existe a possibilidade de exploração corporal; os únicos movimentos são os de escrever e de parar de escrever.

Figura 4
Fonte: Elaborada pela autora

Segmento 5

Mais uma troca de professor, mais uma mudança para o estado esquina de rua: é permitido movimentar-se.

Figura 5
Fonte: Elaborada pela autora

Segmento 6

Das oito e cinqüenta e cinco às nove e quarenta cinco, a turma retorna ao estado de estudante: ouvir a exposição do professor, responder a algumas perguntas e fazer tarefas.

Figura 6
Fonte: Elaborada pela autora

Segmento 7

Das nove e quarenta e cinco às dez e cinco, mudança para o estado de esquina de rua. É hora do recreio. Ocorrem, nesse momento, muitos barulhos, muitas risadas, abraços, empurrões, corpos livres.

Figura 7
Fonte: Elaborada pela autora

Segmento 8

Das dez e cinco às dez e cinqüenta e cinco, retorno ao estado de estudante.

Figura 8
Fonte: Elaborada pela autora

Segmento 9

Mais uma mudança para o estado esquina de rua com a mudança de professor.

Figura 9
Fonte: Elaborada pela autora

Segmento 10

Das dez e cinqüenta e cinco às onze e quarenta e cinco, ainda se mantém o estado de estudante.

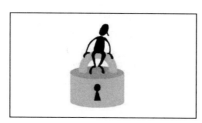

Figura 10
Fonte: Elaborada pela autora

Segmento 11

Outra mudança para o de estado esquina de rua. É hora de ir para o ginásio, onde haverá aula de Educação Física. No deslocamento e no percurso da sala ao ginásio, os estudantes exploram o espaço com seus *corpos livres*.

> [...] Os alunos são fisicamente indulgentes e exibem uma exuberância não-controlada. [...] Os corpos podem ser vistos freqüentemente em contorções, revirando-se em um oásis de livre abandono. [...] Há muito contato físico. (MCLAREN, 1991, p. 133)

Figura 11
Fonte: Elaborada pela autora

Segmento 12

Das onze e quarenta e cinco às treze e vinte e cinco, mudança para o *estado de quadra*. Para alguns, isso significa corpos livres; para outros, corpos aprisionados.

Figura 12
Fonte: Elaborada pela autora

Segmento 13

Às treze e vinte e cinco, hora de ir embora, ocorre uma transição completa para o estado de esquina.

Figura 14
Fonte: Elaborada pela autora

Se totalizarmos os tempos, posso dizer que, na rotina de um dia de quarta-feira, os estudantes passam por aproximadamente 47 minutos de cada dia escolar no estado de esquina, 250 minutos no estado de estudante e 100 minutos no *estado de quadra*. Por essa descrição, já se pode perceber a forte presença de passagens nos rituais. Para Van Gennep (1924. *In:* MCLAREN, 1991, p. 147), "a transformação de um estado para outro envolve uma separação e uma mudança de status e comportamento por parte dos alunos".

Nesse sentido, torna-se importante considerar, também, a questão corporal, pois os corpos dos estudantes são forçados a ficar quietos e imóveis, apenas *in*-corporando instruções que tentam conduzi-los a uma aceitação simbólica da rigidez desse estado. Dessa situação surgem, também, os rituais de resistência ou de conflito, que se apresentam, muitas vezes, na forma de um balançar na carteira, ficar deitado, ficar virado de costas para o professor ou, também, incorporando símbolos – o aluno rebelde ou o aluno "palhaço" – como forma de sabotar o controle exercido pela escola. No caso das aulas de Educação Física, os rituais de resistência podem se apresentar da seguinte maneira, transcrevendo algumas falas das meninas:

> *Ah, eu chego e ele manda a gente alongar e manda a gente jogar. Só que a gente joga avacalhado, deixa o outro time ganhar. Porque só tá obrigando a jogar e a gente não sabe, então, fica só no meio do campo fingindo que tá jogando.* (Bela)

> *A gente começa a jogar. Só que aí eu jogo cinco minutos, por obrigação mesmo. E depois se a gente conseguir a gente fica sem fazer nada, de preferência.* (Rol)

> *Se eu não gosto, eu fujo, tipo assim. Eu tento não fazer, de tudo.* (Pam)

4ª feira, 16 de março

No período da minha observação à beira da quadra, eu era uma *exploradora*: ia aqui e ali, registrava as aulas e ouvia conversas, buscava *estranhar* o que me era familiar e tornar familiar o que não era, com diria DaMatta. Tomei o cuidado de me vestir de maneira discreta, ou seja, com um estilo mais esportivo (calça de moletom ou jeans, blusa de malha e tênis), bem próprio para a aula e para os alunos. Eu desejava conquistar a confiança das meninas e relacionar de maneira natural – sem parecer uma intrusa, uma observadora "fria".

"Olhando" as meninas

As meninas que estudam nesta escola provêm de famílias das camadas médio-altas e altas, sendo visível o predomínio de adolescentes de pertencimento étnico branco. Elas apresentam idade entre 15 e 16 anos, têm peso médio de 52 quilos e altura média de 1,63m. Todas se apresentavam com corpos nos "padrões" de beleza criados pela sociedade, principalmente pela mídia. Usavam as mesmas marcas e modelos de tênis (Nike, Puma, Adidas), os mesmos modelos de calça e até o mesmo corte de cabelo. Como elas se sentem e se percebem em relação ao corpo delas? É possível exemplificar como tais adolescentes se sentem em relação ao corpo delas com algumas falas expressivas desse sentimento:

> *Estou satisfeita com meu peso, minha saúde, minha forma e minhas condições físicas.* (Sisi)

> *Estou satisfeita por estar no padrão imposto pela sociedade e estar no meu padrão.* (Rol)

Para a minha idade e altura eu estou com um corpo dentro do 'normal'. (Bah)

Quando me arrumo para sair, não vejo problemas com o meu corpo; raramente me sinto gorda, nada que não se resolva com um regime. (Tatá)

Estou satisfeita comigo, me considero bonita e tenho saúde. (Nanda)

Foto 9 – Perfil das meninas
Fonte: Acervo da autora

Salles (1998) afirma que as teorias sobre a adolescência revelam que essa é uma fase da vida caracterizada pela busca do ajustamento social, sexual, vocacional, da independência. Os adolescentes são associados a lazer e produtos de consumo específicos e, por isso, são identificados como aqueles que usam jeans, tênis, blusinhas *baby-look*, *piercing*, escutam MP3 e são donos de celulares mirabolantes. A mídia dá ênfase a essa fase, afirmando que ser adolescente é possuir novos interesses e desejos, até de consumo. Tal enfoque é difundido socialmente, e o adolescente é visto sob esse olhar, independentemente das classes sociais.

É preciso ficar claro que a inserção social define o modo de ser adolescente: conduta, aspirações e responsabilidades. Mas as idéias veiculadas pela mídia impõem um estilo de vida, um modo de vestir e um modo de exercitar que se generaliza por toda a sociedade.

4ª feira, 23 de março

Os meninos se mostravam mais receptivos à minha presença e sempre perguntavam alguma coisa sobre o que eu fazia. Já as meninas se mostravam bem mais fechadas à conversa. Ao mesmo tempo, tive de tomar um cuidado maior para não atrapalhar o funcionamento das aulas, porque, ao saberem que também era uma professora de Educação Física de uma grande escola particular, passaram a tirar dúvidas de coisas relacionadas às atividades propostas nas aulas. Os alunos pediam explicação sobre os movimentos, dirigindo-se a mim como "professora".

Geertz (1989) chama a atenção para a necessidade de encontrar as *chaves* que nos permitam estar entre os nativos. No primeiro momento, somos vistos como *estrangeiros*, como *visitas*. Há uma barreira simbólica que separa o *nós dos outros*, entre os nativos e os visitantes. Mas acredito que o fato de eu ser professora da mesma disciplina e de estar sentada à beira da quadra facilitou o processo de estar entre eles, e posso afirmar que não fui vista como *estrangeira*, por conseguinte, ocorreu uma permeabilidade simbólica entre nós.

> *4ª feira, 30 de março*
>
> A turma está chegando para a aula, jogam suas mochilas e bolsas nas laterais da quadra. Alguns meninos tiram a calça jeans e permanecem de short ou bermuda. As meninas já chegam vestidas de calça para ginástica. Alguns meninos e meninas, cerca de dez alunos, chegam de calça jeans, permanecem e *jogam* com essa calça. Por aproximadamente 12 anos de prática como professora, acreditei que quem estivesse de calça jeans ou sem o uniforme próprio [calça específica para atividade física, blusa de algodão ou camiseta e tênis] para a prática de uma atividade física não teria condições de fazer a aula de Educação Física. Depois desse período de observação, em que pude perceber alunos com as tais vestimentas "inapropriadas", passei a me questionar se isso não seria uma maneira de exclusão ou, ainda, uma exigência já consagrada nas escolas em geral e de tal forma naturalizada que sempre é posta em questão.

Assim, ao analisar minha prática e a de outros colegas, observo que, ao ficarmos presos às significações dos valores coletivos, deixamos de ver o valor da experiência original. A pesquisa me permitiu perceber como estamos impregnados de valores da Educação Física tradicional, mesmo que não queiramos. Como pontua Daolio (2004), só estamos considerando a dimensão eficiente dos movimentos, quer em aspectos biomecânicos, quer em aspectos de rendimento atlético-esportivo. As escolhas que passam pela vontade, desejo e afirmação do estudante são por nós desconsideradas.

4ª feira, 6 de abril

O professor assentou-se na quadra para receber os alunos, solicitando ao grupo que se assentasse. Após os alunos estarem prontos, ele se levantou e deu as explicações da aula. Após as explicações, o professor dirigiu um alongamento, no momento em que alunos e alunas estavam espalhados ao seu redor. Durante o alongamento, a maioria da turma executou o que o professor indicou. Um grupo de cinco meninas me chamou a atenção, por ficarem apenas conversando; não se preocupavam com o que estava sendo dito ou feito. O conteúdo da aula era composto de atletismo arremessos, atividade/esportes com arremessos com uma das mãos: um grupo jogou handebol adaptado; outro, queimada; e o terceiro grupo jogou basquete. Na parte final, houve o atletismo – arremessos propriamente ditos.

Um dia escolar como esse consistia em vários microrrituais ou lições individuais. Durante todo o período de observação, exceto no período de treinamento para os *Jogos da Paz*, o professor Betinho iniciava sua aula assentando-se no chão da quadra e aguardando que todos os alunos o seguissem. Essa postura autoconsciente de manter seu corpo firmemente equilibrado e asssentado no chão me pareceu uma tentativa de reforçar sua presença e, de certo modo, enfatizar sua autoridade. Logo que um grupo mais numeroso – aproximadamente 30 alunos – se assentava e se aquietava, outros o seguiam. Ao obter o comportamento desejado, o professor iniciava sua explanação informando sobre as atividades daquela aula, como deveriam dividir os grupos e espaços.

> *4ª feira, 13 de abril*
>
> O conteúdo dessa aula é atletismo – saltos, atividades: um grupo pulou corda, outro fez salto no minitrampolim, o terceiro grupo fez salto em distância e o quarto grupo fez salto triplo. "As meninas" estavam juntas, as cinco, conversando e sem participar da atividade do seu grupo [o professor dividiu a quadra em três setores e a turma, em pequenos grupos]. Quando houve o rodízio de setores, percebi que as meninas pararam de conversar e praticaram de maneira participativa a atividade. Já no rodízio seguinte, chegaram a assentar-se, e só se levantaram quando o professor foi estimular a participação delas e orientá-las. No encerramento da aula, o professor falou do "querer aprender", explicando que a aula não tinha como objetivo buscar a tática ou a técnica refinada, mas, sim, a participação de todos. Betinho questionou o comportamento de alguns meninos e meninas que ficaram a maior parte do tempo conversando.

Chamo a atenção aqui para a presença dos rituais de revitalização utilizados pelo professor, que funcionam como uma renovação de compromisso para com as motivações e valores da atividade. Isso era percebido pelas alunas, como se verifica nos seguintes trechos:

> *Se o professor te estimula e tá sempre lá, anima aí e tal, é outra coisa do que o professor virar pra você e falar: tem que fazer, anda!. Acho que é bem diferente. Ainda mais com a gente adolescente. Quando é obrigado aí é que você não faz mesmo.* (Aninha)
>
> *O professor é essencial! É importantíssimo. É ele que faz a aula ficar interessante e tal. Se ele não fizer o papel direito, animar, não adianta, ninguém vai fazer as atividades, ninguém vai se*

sentir interessado, ninguém vai conseguir jogar. Eu acho que ele é a chave-mestra. (Rol)

Ele tem que motivar a gente a fazer aquilo, a aula. Porque homem sempre gosta de fazer. Mulher, a maioria não gosta. Então assim, motivar. (Pam)

4ª feira, 20 de abril

Novamente o professor se assenta e aguarda que o grupo também se assente, para depois dar as orientações. Observo que um grupo significativo de meninas compareceu à aula de calça jeans. Por coincidência ou não, são as que apresentam uma postura menos participativa. Junto delas há três das cinco "meninas" da conversa. Novamente foi realizado o exercício de alongamento.

Para McLaren (1991) o professor é um coreógrafo que utiliza gestos, entonações verbais e métodos rítmicos de expressão ritualizada. O alongamento configurava-se, assim, como uma maneira de focalizar a atenção dos alunos sobre os seus corpos e, também, introjetar valores do *estado de quadra,* como se percebe nos seguintes comentários:

A gente chega e a gente fica todo mundo conversando até o horário começar e o professor chamar, né. A gente chega, aí começa a alongar. (Rol)

A gente chega na quadra, aí a gente senta lá. Geralmente a turma toda espera o professor falar. O professor falou manda alongar e libera as quadras. (Sisi)

Manda alongar e depois jogar. (Bela)

Ficamos lá sentados esperando o professor. Quando ele chega a gente faz alongamento, prá depois jogar. (Pam)

Foto 10 – Algumas meninas vestidas de calça jeans na aula.
Fonte: Acervo da autora

> *4ª feira, 27 de abril*
>
> Hoje fiquei por conta de observar o recreio. Houve prova no horário da aula de Educação Física. Como já disse, o colégio deve ter sido planejado para um pequeno grupo de alunos, mas tomou uma proporção bem maior. Por isso, não tem um pátio central. Os alunos ficam espalhados em pequenos grupos pelos "cantinhos" e escadas da escola. Foi difícil encontrar todas as alunas da turma que observo, mas encontrei um grupinho "das meninas". Lá estavam elas, vestidas de blusinhas *baby-look* e calça jeans, como comparecem às aulas de Educação Física.

As "meninas" sempre conversavam e riam muito durante as aulas de Educação Física. Várias vezes deixam de fazer as atividades propostas para "bater papo". Algumas estavam comendo barrinhas de cereal, outras bebiam suco ou refrigerante *diet*. Acredito que esse estilo de alimentação está associado à manutenção do corpo *belo*, pois era assim que seus corpos se apresentavam, de acordo com os padrões estéticos contemporâneos.

4ª feira, 4 de maio

Esta aula foi realizada no Centro Esportivo Universitário, onde encontramos locais próprios para a prática do atletismo, como pistas, raias, gaiolas, etc. O professor buscava dar oportunidade à vivência de movimentos básicos das provas de atletismo. É importante ressaltar que não foi uma visita imposta pelo professor, mas ele deixou que a turma resolvesse entre eles se iriam fazer essa visita, recolhessem o dinheiro do transporte e os nomes dos alunos que iriam. Pelo menos 70% da turma participou dessa aula. Após uma explicação guiada aos diversos espaços, o professor convidou a todos para experimentarem as provas, e todos experimentaram, até "as meninas". Elas estavam motivadas; foi a primeira vez que conversaram comigo e perguntaram sobre a pesquisa.

Nesta passagem, gostaria de chamar atenção para papel do professor no microrritual, ou seja, na aula de Educação Física. Betinho desempenhava esse papel, denominado por McLaren (1991), de servidor liminar, em que o professor apresentava uma vitalidade adicional, que era investida nos rituais de instrução.

Betinho não priorizava, em suas aulas, a estrutura e a ordem, apesar de suas aulas serem claramente estruturadas e organizadas. Ele era capaz de criar situações que favoreciam a ocorrência da *communitas*, estado no qual os alunos se encontravam em comunhão, um estado de igualdade, na qual as hierarquias eram quebradas e o conhecimento era *corporificado*. Pude perceber que especialmente os meninos apresentavam um espírito participativo do *aprender fazendo* – apresentavam-se sempre prontos a fazer algo novo, sem receio de acertar ou errar. O importante era fazer o novo – explorando corporalmente todas as atividades propostas.

> *4ª feira, 11 de maio*
>
> Aconteceu a apresentação do Festival de Esportes, uma espécie de Olimpíada. Dois detalhes me chamaram a atenção: a organização das equipes, que ficou a cargo de quatro alunos (dois meninos e duas meninas) e o caráter religioso do evento, expresso na possibilidade de relacioná-lo à Campanha da Fraternidade de 2005. A escolha dos desenhos e frases de cada turma deveria estar, necessariamente, relacionada ao tema do Festival.

Em 2005, o Festival de Jogos foi orientado pelo tema Campanha da Fraternidade, "Solidariedade e Paz". O objetivo do Departamento de Educação Física era organizar um evento em que todos tivessem o direito de participar dos jogos e oficinas e se sentissem motivados para tal, independentemente do nível de habilidade. O professor, ao falar do evento, sempre chamava a atenção para os princípios orientadores da Educação Física e desse evento. Os princípios relacionados eram: ludicidade, inclusão, participação, cooperação, solidariedade, diversidade, criticidade, criatividade e co-educação. Isso aponta para uma tentativa de reflexão sobre os valores que devem nortear práticas como uma Olimpíada.

> *4ª feira, 18 de maio*
>
> Foi feita a preparação para os Jogos da Paz, com a divisão da turma em três grupos: um grupo para jogar vôlei e dois grupos para jogar basquete. Todas as equipes eram mistas, e o mais interessante é que, apesar de ser preparação para os jogos, em um espaço foi feito o basquete com cestas improvisadas; ou seja, dois alunos segurando bambolês assentados em carteiras. Em outro campinho adaptado, foi feito o basquete com cesta normal, e entre esses dois espaços jogou-se voleibol com três equipes, o que levou a uma observação por parte de Betinho quanto ao número de pontos, que deveria ser de apenas 5, para que todos pudessem jogar.

Um aspecto interessante dessa aula foi o grau de interação entre todos os alunos. Para eles, não era necessário jogar em uma quadra oficial, com regras oficiais. Esse fato demonstra como o professor conseguiu reconstruir e transformar o sentido da prática do esporte na escola sem valores essencialmente competitivos.

> *4ª feira, 25 de maio*
>
> Continuava a preparação para os jogos. A turma foi dividida novamente em grupos, com dois espaços para serem ocupados: o ginásio e uma quadrinha adaptada do lado externo do ginásio. No ginásio, no primeiro momento, aconteceu um jogo de basquete entre as meninas, e os meninos jogaram, em duplas ou trios,

> vôlei na quadrinha. No segundo momento, houve uma inversão de espaços. Percebi que havia maior motivação dos alunos com a definição da data dos jogos. A turma tinha de confeccionar, caso desejasse, uma camiseta alusiva ao Festival. Percebi que um ou dois alunos era(m) solicitado(s) pelos colegas para criar um modelo com desenho e frases relacionadas ao tema. Outros montavam os times das diversas modalidades.

Esse movimento dos alunos, acredito, está relacionado a uma cultura do departamento do planejamento do evento ser participativo, da montagem do regulamento, das modalidades e suas regras e à discussão sobre a forma de arbitragem. Assim, objetiva-se também organizar uma prática corporal para o lazer.

> *4ª feira, 1º de junho*
>
> O professor Betinho foi convocado para uma reunião de pais, por isso a aula foi ministrada por um estagiário do 7º período do curso de Educação Física da UFMG que vinha acompanhado a turma desde o início do ano. No primeiro momento da aula, foi desenvolvida a atividade de rouba-bandeira mista. Pude perceber uma turma com alto grau de motivação e com praticamente 100% de participação, até mesmo o grupo "das meninas" que observo! Já no segundo tempo da aula, o estagiário optou por realizar um jogo de handebol masculino. O resultado foi que as meninas ficaram assentadas na lateral da quadra, conversando. Apenas duas meninas, que por sinal eram

> as que mais gostavam das aulas de Educação Física, conforme notei em minhas observações, estavam ligadas na partida e solicitando a entrada no jogo. O grupo "das meninas" estava de costas para a quadra, bem relaxado e se divertindo com as conversas. Na parte final da aula, o estagiário realizou o handebol feminino. As meninas participaram, mas sem o envolvimento apresentado durante o rouba-bandeira.

Como a Educação Física pode dar conta da dinâmica escolar, buscando contemplar uma prática sem considerar e valorizar as especificidades e características próprias de cada grupo? Será que o estagiário percebeu a necessidade de discutir com essas alunas os valores e significados que estão por trás dessas práticas corporais? Acredito que o grande desafio é privilegiar uma movimentação dessas meninas no sentido oposto aos códigos do processo esportivizante, padronização de meios e técnicas, primazia de placares sobre os sentimentos e subjetividade. As aulas de Educação Física são realizadas por sujeitos reais, corpos marcados por histórias de vida, e são essas marcas que constituem identidades, pessoais e coletivas.

Fotos 11 e 12 – Postura das meninas que estão participando do jogo – posicionadas do lado de fora da quadra
Fonte: Acervo da autora

4ª feira, 8 de junho

O professor Betinho explicou sobre o Torneio Solidariedade e Paz no Esporte, que seria um Festival de Jogos. Ele ressaltou a importância da participação de todos e do caráter recreativo do evento. O evento aconteceria para todas as turmas da 5ª série à 3ª série do Ensino Médio, na última semana de aula, no mês de julho. Após o término da aula, conversei com o professor sobre o evento e fui surpreendida com o fato de ele me contar que não teria equipe de arbitragem para os jogos. A forma de mediação (arbitragem) ficaria a cargo dos próprios alunos, os quais deveriam chegar a um consenso em momentos de faltas e indecisão. Betinho relatou que em cada quadra haveria um professor, que só emitiria um parecer sobre o ocorrido quando o grupo não tivesse condições de resolver o impasse. Foi uma surpresa enorme para mim, pensei: *Só acredito, vendo.*

Inicialmente, achei que seria impossível a realização de um Festival de Jogos sem uma equipe de arbitragem. Mas isso ocorre quando a Educação Física fica presa às significações da Educação Física tradicional, ou seja, a valores do esporte competitivo. No caso da escola Ilha Bela, a escolha do Departamento de Educação Física era por uma formação de alunos essencialmente cooperativos e aparentemente competitivos, segundo a Proposta Pedagógica.

4ª feira, 15 de junho

Hoje a turma fez avaliação, por isso não houve aula de Educação Física. Pedi licença ao professor para

> observar a turma; queria ver como os *corpos* se expressavam neste momento, que é sempre tenso. Eles e elas chegaram fazendo muito barulho, alguns rindo, outros conversando sobre a prova. Foram assentando-se em seus lugares e, aos poucos, o silêncio foi tomando conta do espaço. O professor estava em pé diante da turma, aguardando o momento próprio para a entrega das provas.

No estado de estudante, os alunos geralmente ficam quietos, demonstram boas maneiras, são previsíveis e obedientes. Os movimentos são rotineiros, sob forma de pequenos gestos – escrever, riscar, apagar, virar páginas e outros –, e há uma sistematicidade pronunciada nos gestos. Posso perceber pouco movimento físico, exceto quanto ao professor.

> *4ª feira, 22 de junho*
>
> Conversei com Betinho, falei novamente da escolha do meu grupo de observação, o grupo feminino, e perguntei-lhe se haveria algum problema em aplicar um questionário ao grupo de meninas e também em entrevistar "as meninas". Ele conversou com todo o grupo e informou sobre a aplicação do questionário, dizendo que quem quisesse participar, mesmo no horário da aula, poderia. Um grupo significativo logo se prontificou a fazê-lo. As primeiras a se interessarem foram "as meninas". Mas pude perceber que o que mais as atraía era a possibilidade de não terem de fazer aula e não levar falta, e não exatamente o interesse pela pesquisa.

Muitas vezes, as formas como as meninas enxergam as possibilidades de práticas corporais, na escola, se resumem como lugar de tédio e de rotinas sem sentido. Isso favorece um quadro de distanciamento e desmotivação quanto à aula de Educação Física.

> *4ª feira, 29 de junho*
>
> Novamente não houve aula, pois aconteceu uma feira de informática na escola. Visitei a sala de informática onde estava minha turma. Percebi que todos estavam motivados e fui convidada por vários grupos para assistir a apresentação deles. Em cada computador havia um grupo de quatro alunos. Cada grupo escolheu uma temática para abordar, ligada aos conteúdos trabalhados pelas diversas disciplinas da série. Foi interessante observar que as alunas que não gostavam de fazer aula de Educação Física estavam ali, concentradas e participativas.

Pode-se perceber que cada espaço, cada tempo na escola, constitui uma linguagem a dizer às alunas ali presentes o que elas podem ser e fazer. Na participação de grupos de trabalho, as alunas ampliam suas possibilidades de atuar como protagonistas de suas ações e se constituírem sujeitos sociais autônomos.

> *4ª feira, 6 de julho*
>
> Foi a tradicional semana de prova, e os alunos só iam à escola fazer os exames. Aproveitei a saída da prova

> para convidar "as meninas" para realizarmos as entrevistas no período das férias. Foram convidadas 20 alunas, mas muitas demonstraram um pouco de receio. Questionavam onde ocorreria, diziam que iam pedir aos pais, que iam pensar, outras agradeciam e negavam, mas, para minha sorte, cinco aceitaram, mas só se as entrevistas fossem realizadas na escola. Algumas só aceitavam depois de ver que uma do grupo de colegas já havia aceitado.

Pesquisa é negociação permanente! É o que reafirma esse meu registro de campo e nos faz refletir o quanto os sujeitos da pesquisa são, de fato, sujeitos com direito a voz e a decisões.

> *4ª feira, 13 de julho*
>
> Estava ansiosa para assistir aos jogos e constatar a possibilidade de realizar um tipo de Olimpíada sem arbitragem e também para observar o comportamento e as atitudes dos alunos, notadamente por freqüentarem uma escola católica. Todas as quadras estavam lotadas, todos aparentavam muita motivação. O que mais me chamou a atenção foi constatar o sucesso dos jogos com a organização dos próprios alunos. Realmente era fantástico ver adolescentes conversando e ponderando sobre as regras e faltas. Fiquei fascinada. Procurei "as meninas"; estavam reunidas em uma quadra de vôlei torcendo para o time masculino. Após esse jogo, as meninas foram jogar *futsal* com a mesma euforia e motivação da aula do roubabandeira.

Fotos 13 – Jogos Escolares – participação das meninas e meninos da turma
Fonte: Acervo da autora

Fotos 14 – Jogos Escolares – participação das meninas e meninos da turma
Fonte: Acervo da autora

Foto 15 – Jogos Escolares – A s meninas torcem para sua turma
Fonte: Acervo da autora

Relaciono esse fato aos objetivos específicos da Proposta Pedagógica: saber organizar e saber participar de diferentes práticas corporais de lazer, de forma autônoma, crítica, criativa, solidária, includente e lúdica. Não havia preocupação, tampouco falta de motivação quanto à modalidade a ser disputada. Não havia, também, foco na perfeição técnica nem nos resultados ou placares. O que observei nos rostos e nos corpos desses alunos foi um prazer em participar, um prazer em estar em grupo.

4ª feira, 3 de agosto

Retorno das férias, todos ainda eufóricos, muita conversa, muita gargalhada. A aula de Educação Física era o espaço propício para contar as "fofocas". Tive uma grande surpresa, pois no lugar de Betinho encontrei o estagiário, que não era mais estagiário, mas o professor da turma. Fui informada de que Betinho

> havia aceitado aulas em uma instituição de ensino superior, para a formação de professores de Educação Física, e que ele havia largado algumas aulas na Escola Ilha Bela. Percebi que, neste dia, a aula fluiu, mas havia um movimento diferente dos "corpos" femininos. Os meninos, aparentemente, participavam da mesma maneira, mas eu percebia certo estranhamento por parte das meninas.

Recordei-me da aula de 1º de junho, do rouba-bandeira, com a participação efetiva da turma, e no segundo momento da aula, jogo de handebol, o que gerou certo desinteresse por parte das meninas. Como comentei, o estagiário não deu a mínima importância para a recusa corporal por parte das meninas, talvez por inexperiência. Mas acredito que esse fato favoreceu a adoção de uma postura de recusa desse novo professor. Ficou claro que as alunas davam importância aos rituais de revitalização utilizados pelo professor Betinho, que funcionam como uma renovação de compromisso para com as motivações e valores da atividade.

Foto 16 – Aula de Educação Física
Fonte: Acervo da autora

4ª feira, 10 de agosto

Foi o dia em que realizei as entrevistas com "as meninas", no período da manhã. Todas diziam as mesmas coisas como: *Estou um pouco nervosa; Para que é mesmo?; Achei muito interessante*. Ao término, disse que as convidaria para assistir à minha defesa e também enviaria uma cópia para elas poderem ver a conclusão da pesquisa.

Concluindo esta parte da pesquisa, gostaria de esclarecer que as cenas descritas, problematizadas e analisadas no campo reiteraram minhas crenças quanto à rejeição a certo tipo de prática corporal escolarizada. Esses dados permitem pensar que as mensagens transmitidas pelos corpos das alunas sustentam uma ordem de poder ritualístico, que pode ser percebido como transmissor de uma informação gestual – *não fazer, não experimentar determinadas práticas* – que moldam as percepções sobre certas práticas, na aula de Educação Física.

Como pude notar, mesmo quando o professor não apresenta uma prática pedagógica de Educação Física no Ensino Médio, cuja referência principal é a perspectiva esportivista ou recreativa, mas, sim, uma prática que entende a aula de Educação Física como tempo e espaço para conhecer, experimentar, organizar e reconstruir, ainda assim estão presentes rituais nas interações e regularidades do dia-a-dia dessa disciplina.

As meninas, o estado de quadra e uma cultura do corpo

[...] *A aula de Educação Física é um momento de descontração, que a turma fica mais unida e tal. Porque geralmente na sala você*

> *não pode ficar conversando. Na Educação Física você conversa, você descontrai, relaxa seu corpo, coloca em movimento e eu acho que a Educação Física é fundamental para relaxar.* (Sisi)

> *A gente chega e a fica todo mundo conversando até o horário começar e o professor chamar [...] é um horário também pra gente interagir.* (Rol)

> *Quando é esporte e eu não gosto, olho para ver se o professor está olhando, se não está fico no meio da quadra fingindo que tô jogando. [...] 90% das meninas fazem isso. Os meninos já ficam mais motivados pra jogar o futebol.* (Bela)

> *É bom ter uma aula, assim, pra você distrair [...]. Se você ficar aquele tempo inteiro lá tendo aula, aula, aula, acho que chega uma hora que você cansa de prestar atenção até na aula.* (Pam)

> *Eu gosto sim de Educação Física. Gosto de fazer exercício. Tem dia que você tá com preguiça, né, mas eu gosto.* (Aninha)

Foi possível perceber que as alunas reagem, aceitam e também resistem a determinadas instruções e práticas pedagógicas que são uma forma de conhecimento ritual. Elas adquirem informações e fazem investimentos afetivos em certos tipos de conteúdos da aula de Educação Física mediante a encarnação de símbolos rituais – ficar parada, ficar assentada, ficar lenta, fazer de conta que está jogando.

Mas o que tem acontecido com esses corpos femininos, já que a aula de Educação Física da Escola Ilha Bela é tempo e espaço para conhecer, experimentar, organizar e reconstruir as práticas corporais da cultura? Então, por que estão presentes tantos rituais?

Para falar dessa postura corporal e para compreender a encarnação de símbolos rituais, é necessário fazer uma relação com os aspectos culturais que perpassam a Educação Física Escolar e os corpos, conforme expliquei no capítulo 2. Um deles é o sentido dado ao corpo, nos diferentes tempos históricos e como refletiram na escola, e, com certeza, na disciplina Educação Física. Corpos docéis, corpos de trabalho ou corpos-padrão, *corpos* que interferiram e compartilharam entre si do princípio da mecanização do corpo, ou seja, corpo arquitetado e construído por diferentes discursos pedagógicos; ficando claro o porquê de a Educação Física apontar para aspectos vinculados a uma herança dualista, na qual a compreensão do aluno se dá por partes separadas e autônomas, corpo-objeto, corpo ligado à melhora de rendimento, de gestos disciplinados e de adestramento de ações:

> O corpo era somente visto como um conjunto de ossos e músculos e não expressão da cultura; o esporte era apenas passatempo ou atividade que visava ao rendimento atlético e não fenômeno político; a Educação Física era vista como uma área exclusivamente biológica e não como uma área que pode ser explicada pelas ciências humanas. (DAOLIO, 2004, p. 2)

O outro aspecto, que também mantém íntima relação com a questão corporal, é a representação de Educação Física no cenário educacional. Como já foi explicitado, a Educação Física teve sua inserção no âmbito educacional com feições de atividade higiênica ou disciplinadora. Mais tarde, passou a se confundir com o esporte de alto rendimento, assumindo caráter extremamente excludente, sendo até usado como forma de controle social pelo governo. Também foi encarada como mera atividade recreacional – uma maneira de ocupar o tempo livre – ou selecionadora de talentos esportivos.

Esses diversos usos (do corpo e da Educação Física) feitos pela dinâmica histórica e cultural influenciaram o entendimento de que as alunas têm de si mesmas, do corpo delas e do corpo dos outros, de seus valores e posicionamentos. E todos esses aspectos constroem o papel e o lugar da Educação Física [algumas vezes encarnada na figura do professor] na vida dessas alunas.

> [...] *Ele deveria [o professor] se empenhar em nos orientar para nossa vida fora do ambiente escolar, deveríamos ter aulas sobre saúde, alimentação, formas mais práticas em manter a boa forma, sem ir à academia.* (Mari)

> [...] *Ele deve ensinar além de como se joga, ensinar sobre saúde, sobre o corpo, para que possamos ter uma idéia mais abrangente da Educação Física, para não ficar uma matéria apenas de práticas, superficial.* (Carol)

> [...] *Atualmente, as meninas estão preocupadas exageradamente com a estética, essa aula pode ajudar a gente a pensar que o corpo não tem que sofrer só porque a sociedade impõe.* (Ló)

> [...] *O corpo feminino de adolescentes é um alvo da mídia e preocupação de todas as garotas, deveria ser tratado pelo professor nas aulas de Educação Física.* (Nanda)

Como se observou no capítulo 2, as meninas atribuem diversos significados às práticas desenvolvidas nas aulas de Educação Física. Já quanto à questão do corpo, observou-se uma única preocupação com o padrão de beleza da sociedade contemporânea. Esse padrão está associado às marcantes influências da mídia que, a todo instante, *nos cobram* cuidados com a *saúde* (subentende-se prática de atividades físicas, controle alimentar, etc.) que é visto como sinônimo de corpo belo.

No que se refere às apreciações quanto à prática de atividades físicas, pude constatar, mediante a análise dos questionários, que, do grupo de 20 meninas, apenas 3 não praticavam nenhum tipo de atividade física. As práticas relacionadas pelo restante do grupo foram: ginásticas de academia, musculação, caminhada, andar de bicicleta, jogar futebol, basquete e vôlei. Assim, parece ocorrer uma lógica cultural que relaciona padrão corporal a certas práticas corporais, influenciando, também, as meninas da Escola Ilha Bela.

Para Thompson[11] (2000), a cultura apresenta uma estrutura e compreende os fatos que ocorrem na dinâmica cultural como formas simbólicas inseridas em um contexto estruturado. Esse enfoque permite pensar que os fatos culturais possuem significado para determinado grupo e pertencem a um contexto estruturado específico. Assim, os fatos culturais, percebidos como formas simbólicas, são interpretados pelo indivíduo no seu cotidiano. As práticas corporais [delas] estão inseridas em determinado contexto estruturado [a mídia] e fazem parte, portanto, do repertório simbólico [delas] desse meio social. Portanto, é por intermédio das meninas e de suas práticas que podemos compreender o conjunto de significados expressos por suas ações.

Hoje, como pontua Freire, no prefácio do livro *Da cultura do corpo* (1995a), depois de Daolio (2004) nos apresentar Mauss (1974) [e eu acrescentaria, também, Geertz (1989)] e levar-nos a um passeio pela Antropologia Social, a Educação Física pode ser vista de maneira diferente:

> [...] A utilização de um conceito mais simbólico de cultura corporal de movimento propiciará à Educação Física a capacidade de convivência com a diversidade de manifestações corporais humanas e o

---

[11] O autor apresenta considerações para a compreensão da mídia e do processo de transmissão de formas simbólicas [cinco características: intencional, convencional, estrutural, referencial e contextual], tal como seus efeitos à cultura contemporânea. Essa é uma discussão ampla para as finalidades dessa dissertação, portanto os aprofundamentos feitos serão baseados nos conceitos apresentados por Daolio (2004) sobre a dimensão simbólica.

> reconhecimento das diferenças a elas inerentes. Isso implica assumir talvez como a principal característica da área o princípio da alteridade [...]princípio este pressupõe a consideração do *outro* a partir de suas diferenças e também levando em conta a intersubjetividade intrínseca às mediações que acontecem na área de Educação Física. (DAOLIO, 2004, p. 71)

Somente com esse enfoque poderemos entender o porquê de as meninas adorarem rouba-bandeira, participarem de provas longas de atletismo e de se recusarem a jogar basquete, futsal ou vôlei durante a aula, mas se inscreverem nesses esportes para participar dos Jogos Escolares.

Entender a Educação Física, na dinâmica escolar, como prática cultural demanda refletir e fazer com que as meninas reflitam; atualizar e fazer com que as meninas atualizem; (re)significar e fazer com que as meninas (re)signifiquem; e revalorizar e fazer com que as meninas revalorizem os conteúdos culturais, no caso, relacionados à dimensão corporal: jogo, esporte, ginástica, dança e luta e temas como a estética, a beleza, a expressividade, a subjetividade, enfim, os seus significados e implicações em uma sociedade de mercado.

Considerações finais

O percurso de estudo que aqui se finda mostrou-se significativo em vários aspectos, desde o momento em que optei por fazer um mestrado em Educação, tendo como área de concentração Sociologia e História da Profissão Docente e da Educação Escolar em vez de Educação Física.

Significou, em primeiro lugar, o início de um percurso pela literatura nesse campo e em outros afins, como a antropologia, aproximando-me do pensamento de autores clássicos e suas contribuições a respeito do corpo como lugar de cultura e, por isso mesmo, de ritualizações, dentre os quais destaco: Marcel Mauss, Victor Turner, Clifford Geertz e Peter McLaren. Percebi, também, a importância do estudo de autores como João Batista Freire, Coletivo de Autores, Valter Bracht, Tarcísio Mauro Vago, dentre outros pesquisadores da Educação e da Educação Física, em prol de uma área de conhecimento pautada por uma referência cultural, com destaque para o trabalho de Jocimar Daolio.

Em segundo lugar, o contato com esta temática significou um (re)pensar da minha vida e das formas como eu

– e não apenas meus sujeitos de pesquisa – tenho lidado com a relação corpo de mulher e práticas corporais. Como pesquisadora, tive a oportunidade de construir uma atitude mais compreensiva e otimista com relação à Educação Física no Ensino Médio particular. A coleta, o registro e a interpretação dos dados produzidos nesta pesquisa, bem como a reflexão sobre ela, representaram um (re)pensar sobre minha própria prática pedagógica, pois muitos dos problemas enfrentados pelo professor Betinho, como a resistência das alunas, as dificuldade de avaliar, a tentativa de contextualizar o ensino, dentre outros, são também encontrados em minha escola.

Uma terceira constatação a que cheguei com este estudo refere-se ao ostracismo em que o corpo é colocado no *locus* escola. O cenário escolar é, ainda, formado por rituais que, na maioria das vezes, promovem funções normativas do comportamento ou/e proporcionam o esquema tanto para o pensar como para o agir [e incluiria também o jogar e participar de práticas corporais].

Introduzir a discussão sobre a ritualização do corpo nas aulas de Educação Física revelou-se uma idéia profícua. Trata-se de uma idéia e de uma constatação que abre caminhos de entendimento da problemática da recusa a determinadas práticas corporais oferecidas nessa disciplina. Não é minha intenção oferecer *a resposta* ou *as respostas* às indagações e objetivos que nortearam esta dissertação desde o início, mas, sim, apontar demarcações que possam ajudar os professores a compreender a natureza tangível e cognitiva de conhecimento ritual, aumentando, desse modo, a possibilidade de os docentes descobrirem meios de problematizar o conhecimento ou os conteúdos hegemônicos ou coisificados na Educação Física e modificar as regras culturais que, de alguma maneira, ditam padrões que não correspondem às expectativas e à realidade dos alunos.

Tendo em vista essas considerações mais gerais, apresento, a seguir, de forma sucinta e objetiva, algumas questões, constatações ou descobertas que alcancei ao longo deste estudo, objetivando maior visibilidade e atenção. Pretendo, assim, que este trabalho possa servir de parâmetro para estudos e discussões futuras e, sobretudo, para que auxilie a entender a questão do corpo na sociedade contemporânea. Dessa forma, cabe a nós, educadores, perceber que pensar os sentidos e significados atribuídos ao esporte, jogo, dança, etc. são tão importantes quanto a escolha do que ensinar.

• *As meninas manifestam preocupações em cuidar do próprio corpo*. Os sujeitos aqui pesquisados consideram, em sua maioria, que cuidam do corpo. Os cuidados aos quais fazem referências são os presentes no cotidiano de diversas pessoas, isto é, cuidados com a saúde, com a estética, com a alimentação e com a prática de atividades físicas largamente difundidas pela mídia. A esse respeito, destacam-se as razões de a disciplina Educação Física não dar suporte para reflexões mais profundas sobre a temática *corpo* e a influência dos meios de comunicação na estética e na técnica corporal.

• *O significado atribuído ao corpo pelas meninas é conseqüência da estrutura social e das influências culturais a que estão submetidas.* Entender a questão do corpo na perspectiva da composição identitária dessas meninas, dos modos de se apropriarem do próprio corpo em uma sociedade *imagética* é partir da compreensão da dialética entre indivíduo e sociedade. Os processos sociais envolvidos na formação e na manutenção da identidade são determinados pela estrutura social, por um lado, e, por outro, pelos modos como os sujeitos se inserem nessa estrutura e pensam sobre ela.

Hoje, não só as meninas da Escola Ilha Bela, mas os sujeitos da sociedade contemporânea apresentam uma fixação no corpo e pelo corpo (padrão). Isso é fruto das contínuas mudanças estruturais que alteram as concepções culturais de sexualidade, corpo, etc., e formam e transformam identidades, às vezes contraditórias e não-resolvidas, o que favorece um movimento constante de insatisfação e de busca.

• *As meninas acreditam que a Educação Física é fundamental no currículo escolar, constroem diferentes significados positivos a seu respeito, mas não apresentam uma postura corporal favorável a alguns conteúdos da disciplina.* No conjunto dos dados empíricos, grande parte das falas das meninas, registradas nos questionários, reflete um posicionamento a favor da disciplina, por ser o único espaço de lazer, de relaxamento, de encontro de amigos e de se movimentar na conjuntura escolar. Essa diversidade de significados encontra fundamentação na relação da dinâmica cultural e no sistema simbólico, o qual permite que cada menina absorva e recrie suas práticas sociais.

Assim, me permito afirmar que a maneira como os conteúdos da cultura corporal de movimento são apropriados nas aulas de Educação Física, muitas vezes, não fazem parte dessa dinâmica cultural das meninas da 1ª série do Ensino Médio ou seus valores e significados não são compreendidos por elas e discutidos com elas e com a turma. Não é dada a possibilidade de os conhecimentos serem apropriados, atualizados e (re)significados por elas.

• *Os rituais estão relacionados com a organização e com os conteúdos das aulas.* No quadro de referência apresentado no capítulo 4, o encontro pedagógico entre professores [até mesmo Betinho] e alunos pode ser entendido como uma representação ritual constituído de gestos codificados, como a postura de Betinho na chegada dos alunos, o alongamento, a divisão da turma em pequenos grupos, as palavras de estímulo, o estar dentro da quadra fingindo que joga, braços cruzados dentro da quadra, ficar sentada conversando, etc. As meninas reagem e, freqüentemente, resistem à instrução dada pelo professor, que é, por si própria, uma forma de conhecimento ritual. No estado de quadra, *as meninas* não faziam uso de engajamento corporal para determinados conteúdos; escolhiam não investir afetivamente nesse tipo de conhecimento. Essa resistência era uma resolução pela não-erradicação de seus gestos. Era uma tentativa de construir ritualisticamente um espaço de transição que pudesse anular o vivido e desconstruir as adaptações psicossociais do presente, com o objetivo de forjar novas representações.

• *A Educação Física pode contribuir para o processo de apropriação do próprio corpo pelas adolescentes.* O professor de Educação Física tem de atuar, considerando os significados atribuídos ao corpo e às práticas corporais, construídos culturalmente. É apropriar-se da relação *práticas corporais* (esporte, jogo, ginástica, etc.) e dos valores e modelos transmitidos por outras instituições de socialização, nesse caso, principalmente pelos meios de comunicação de massa. Constituir temas de investigação e ensino na disciplina em que alunos e professores sejam partícipes é papel do professor dessa disciplina. Cabe à Educação Física, como componente curricular, privilegiar não o movimento em si, mas uma movimentação das adolescentes e dos adolescentes no sentido contrário ao discurso da competição de mercado, às práticas prontas e aos modismos sobre o corpo.

Finalizo afirmando que o mais importante no tipo de pesquisa aqui construída é o percurso, o processo, o que aprendi no caminho e as indagações que surgiram.

Como acontecerão os rituais nas aulas de Educação Física em escolas de realidade diferente, mas cujas práticas sejam referenciadas na perspectiva da cultura corporal de movimento? Será que em outros segmentos da Educação Básica também estão presentes rituais nas aulas de Educação Física? Como é percebido o corpo pelas alunas desses outros segmentos? Essas e outras reflexões fazem com que a Educação Física seja objeto primoroso de pesquisa na área educacional.

Contudo, apesar das indagações, resta a certeza de que esse caminho proporcionou-me um crescimento pessoal e intelectual que não poderá jamais ser descrito em toda sua densidade nas páginas deste trabalho.

Referências

ALMEIDA JUNIOR, Admir S. *Saber docente e prática cotidiana: construindo uma nova proposta de ensino de Educação Física na escola.* 2002. 154 f. Dissertação (Mestrado em Educação) – Pontifícia Universidade Católica de Minas Gerais, Belo Horizonte.

ALTMANN, Helena. *Rompendo fronteiras de gênero: Marias (e) homens na educação física.* 1998. 110 p. Dissertação (Mestrado em Educação) – Universidade Federal de Minas Gerais. Belo Horizonte.

ASSIS DE OLIVEIRA, *Sávio. Reinventando o esporte.* Campinas: Autores Associados, 2001. 217 p.

BARBOSA, Claudio L. de Alvarenga. *Educação física escolar: as representações sociais.* Rio de Janeiro: Shape, 2001. 123 p.

BETTI, Mauro. *Educação física e sociedade.* São Paulo: Movimento, 1991. 182 p.

BETTI, Mauro. Valores e finalidades na Educação Física escolar: uma concepção sistêmica. *Revista Brasileira de Ciências do Esporte*, Santa Maria, v. 16, n. 1, p. 14-21.

BORGES, Cecília M. F. *Formação e prática pedagógica do professor de educação física: a construção do saber docente.* 1995. 175 p. Dissertação (Mestrado em Educação) – Universidade Federal de Minas Gerais. Belo Horizonte.

BRACHT, Valter. *Educação física e aprendizagem social*. Porto Alegre: Magister, 1997. 121p.

BRASIL. Ministério da Educação. Secretaria de Educação Média e Tecnológica. *Parâmetros curriculares nacionais: ensino médio*. Brasília: Bases Legais/Ministério da Educação, 1999. v. 2.

CAPARROZ, Francisco E. *Entre a educação física na escola e a educação física da escola: a educação física como componente curricular*. Vitória, ES: UFES, Centro de Educação Física e Desportos, 1997.

CARVALHO, Yara Maria de. *O "mito" da atividade física*. São Paulo: Hucitec, 1998. 133 p.

CASTELLANI, Lino. *Educação física no Brasil: a história que não se conta*. Campinas: Papirus, 1994. 93 p.

CAZENEUVE, Jean. *Sociologia do rito*. Porto: Rés, [19_ _]. 297 p.

COLETIVO DE AUTORES. *Metodologia do ensino da educação física*. São Paulo: Cortez, 1992. 119 p.

CUCHE, Denys. *A noção de cultura nas ciências sociais*. Bauru: Edusc, 2002. 255 p.

DAMATTA, Roberto. *Carnavais, malandros e heróis: para uma sociologia do dilema brasileiro*. Rio de Janeiro: Guanabara, 1990. 172 p.

DAOLIO, Jocimar. *Da cultura do corpo*. Campinas, SP: Papirus, 1995a. 105 p.

DAOLIO, Jocimar. A construção cultural do corpo feminino ou o risco de transformar meninas em "antas". In: ROMERO, Eliane (Org.). *Corpo, mulher e sociedade*. Campinas: Papirus, 1995b. p. 99-108.

DAOLIO, Jocimar. *Cultura: educação física e futebol*. Campinas: Editora da Unicamp, 1997. 135 p.

DAOLIO, Jocimar. *Educação física brasileira: autores e atores da década de 1980*. Campinas: Papirus, 1998. 119 p.

DAOLIO, Jocimar. *Educação física e o conceito de cultura*. Campinas: Autores Associados, 2004. 73 p.

REFERÊNCIAS 133

DAOLIO, Jocimar A Antropologia social e a educação física: possibilidade de encontro. In: CARVALHO, Yara Maria de; RUBIO, Kátia (Org.) *Educação física e ciências humanas*. São Paulo, Hucitec. 2001.

DARIDO, Suraya Cristina; RANGEL, Irene Conceição. *Educação física na escola: implicações para a prática pedagógica*. Rio de Janeiro: Guanabara Koogan, 2005. 293p.

DEMO, Pedro. *Metodologia científica em ciências sociais*. São Paulo: Atlas, 1995. 293 p.

DURHAM, Eunice Ribeiro. Cultura e ideologia. *Dados*, v. 27, n. 1, p. 71-89, 1984.

EZPELETA, Justa e ROCKWELL, Elsie. *Pesquisa participante*. 2. ed. São Paulo: Cortez, 1989. p. 9-54.

FARIA, Eliene L. *O esporte na cultura escolar: usos e significados*. 2001. Dissertação (Mestrado em Educação) – Universidade Federal de Minas Gerais. Belo Horizonte.

FREIRE, João Batista. *Educação de corpo inteiro: teoria e prática da educação física*. São Paulo: Scipione, 1989. 224 p.

FREIRE, João Batista. Métodos de confinamento e engorda (como fazer render mais porcos, galinhas, crianças...) In: MOREIRA, W.W. (Org.) *Educação física e esportes: perspectivas para o século XXI*. Campinas: Papirus, 1992. 260 p.

FOUCAULT, Michel. *Vigiar e punir: nascimento da prisão*. 11. ed. Petrópolis: Vozes, 1994. 277 p.

GARIGLIO, José Ângelo. *O ensino da educação física nas engrenagens de uma escola profissionalizante*. 1997. 269 p. Dissertação (Mestrado em Educação) – Universidade Federal de Minas Gerais. Belo Horizonte, 1997.

GEERTZ, Clifford. *A interpretação das culturas*. Rio de Janeiro: Guanabara, 1989. 323 p.

GENNEP, Arnold Van. *Os ritos de passagem*. Petrópolis, RJ: Vozes, 1974.

GHIRALDELLI JR., Paulo. *Educação física progressista*. São Paulo: Loyola, 1994. 63 p.

GOLDENBERG, Mirian. *A arte de pesquisar*. Rio de Janeiro: Record, 2003. 107 p.

GOLDENBERG, Mirian. *Nu & vestido: dez antropólogos revelam a cultura do corpo carioca*. Rio de Janeiro: Record, 2002. 414 p.

GONÇALVES, Maria Augusta Salin. *Sentir, pensar, agir: corporeidade e educação*. Campinas, SP: Papirus, 1994. 195 p.

HALL, Stuart. *A identidade cultural na pós-modernidade*. Tradução de Tomaz Tadeu da Silva e Guacira Lopes Louro. Rio de Janeiro: DP&A, 2002. 101 p.

JEBER, Leonardo J. *A educação física no ensino fundamental: o lugar ocupado na hierarquia dos saberes escolares*. 1996. 174 p. Dissertação (Mestrado em Educação) – Universidade Federal de Minas Gerais. Belo Horizonte, 1996.

JONES, Vânia Baroni. *Representações do sentido da educação física em escolares de 2º grau*. 1991. 136 p. Dissertação (Mestrado em Educação Física) – Universidade Gama Filho. Rio de Janeiro, 1996.

KUNZ, Elenor. *Transformação didático pedagógica do esporte*. Ijuí: Unijuí, 1994. 152 p.

LARAIA, Roque de Barros. *Cultura: um conceito antropológico*. Rio de Janeiro: Jorge Zahar, 2003. 117 p.

LUCKESI, Cipriano C. *Filosofia da educação*. São Paulo: Cortez, 1994. 183 p.

MATTOS, Mauro Gomes de; NEIRA, Marcos Garcia. *Educação física na adolescência: construindo o conhecimento na escola*. São Paulo: Phorte, 2000. 139 p.

MAUSS, Marcel. *Sociologia e antropologia*. São Paulo: EPU/Edusp, 1974. 2 v.

MERLEAU-PONTY, Maurice. *Fenomenologia da percepção*. São Paulo: Martins Fontes, 1994. 662 p.

MCLAREN, Peter. *Rituais na escola: em direção a uma economia política de símbolos e gestos na educação*. Petrópolis, RJ: Vozes, 1991. 397 p.

REFERÊNCIAS 135

MCLAREN, Peter. *A vida nas escolas: uma introdução à pedagogia crítica nos fundamentos da educação*. 2. ed. Porto Alegre: Artmed, 1997. 353 p.

MOREIRA, Wagner Wey. Educação física escolar: a busca da relevância. In: PICCOLO, Vilma (Org.). *Educação física escolar: ser... ou não ter?* Campinas, Ed. Unicamp, 1993. 136 p.

MURARO, Rose Marie. *Sexualidade da mulher brasileira:* corpo e classe social no Brasil. Petrópolis, RJ: Vozes, 1983. 501 p.

OLIVEIRA, Roberto Cardoso de Oliveira. *Identidade, etnia e estrutura social.* São Paulo: Pioneira. 1976. 118 p.

PEIRANO, Mariza. *Rituais ontem e hoje.* Rio de Janeiro: Zahar, 2003. 56 p.

PELLEGRINOTTI, Ídico. Educação física no 2º grau: novas perspectivas? In: PICCOLO, Vilma (Org.). *Educação física escolar: ser.... ou não ter?* Campinas: Editora Unicamp, 1993. 136 p.

PRIORE, Mary Del. *Corpo a corpo com a mulher.* São Paulo: Editora Senac, 2000. 108 p.

ROMERO, Elaine (Org.). *Corpo, mulher e sociedade.* Campinas, SP: Papirus, 1995. 308 p.

SALLES, Leila Maria Ferreira. *Adolescência, escola e cotidiano: contradições entre o genérico e o particular.* Piracicaba: Editora Unimep, 1998. 171 p.

SCHPUN, Mônica Raisa. *Beleza em jogo.* São Paulo: Editora Senac, 1999. 164 p.

SEGALEN, Martine. *Ritos e rituais contemporâneos.* Rio de Janeiro: Editora FGV, 2002. 161 p.

SIMÕES, Regina. Ciência e consciência: tatuagens no corpo idoso. In: MOREIRA, W. W (Org.). *Corpo presente.* Campinas, SP: Papirus, 1995. 136 p.

SILVA, Tomaz Tadeu da. Currículo e cultura: uma visão pós-estruturalista. *Cadernos de Pedagogia*, Coordenação da Pedagogia. Campinas: Faculdade de Educação da Unicamp, n. 2, 1997.

SILVA, Tomaz Tadeu da. *Identidade e diferença: a perspectiva dos estudos culturais*. Tomaz Tadeu da Silva (Org.). Stuart Hall, Kathryn Woodward. Petrópolis, RJ: Vozes, 2000. p. 7-68.

SILVEIRA, Guilherme C. F. *Educação física no ensino médio: intervenção pedagógica de um professor em uma escola estadual de Minas Gerais*. 2004. 141 p. Dissertação (Mestrado em Educação) – Universidade Federal de Minas Gerais. Belo Horizonte, 2004.

SILVEIRA, Guilherme C. F. da e PINTO, Joelcio Fernandes. Educação física na perspectiva da cultura corporal: uma proposta pedagógica. *Revista Brasileira de Ciências do Esporte*, v. 22, n. 3, p. 137-150, maio 2001.

SOARES, Carmen Lúcia. *Metodologia do ensino de educação física*. São Paulo: Cortez, 1992. 199p.

SOARES, Carmen Lúcia. *Educação física: raízes européias e Brasil*. Campinas: Editora Autores Associados, 1994. 167 p.

SOARES, Carmen Lúcia. *Corpo e história*. Campinas, SP: Autores Associados, 2001. 180 p.

SOARES, Carmen Lúcia. *Imagens da educação no corpo: estudo a partir da ginástica francesa no século XIX*. 2. ed. Campinas, SP: Autores Associados, 2002. 145 p.

SOUZA, Eustáquia Salvadora; VAGO, Tarcísio Mauro (Org.). *Trilhas e partilhas: educação física na cultura escolar e nas práticas sociais*. Belo Horizonte: Cultura, 1997. 387 p.

SOUZA, Eustáquia Salvadora. *Meninos, à marcha! Meninas, à sombra! A história da educação física em Belo Horizonte (1897-1994)*. 1994. 265 f. Tese (Doutorado) – Universidade Estadual de Campinas. São Paulo. 1994.

SOUZA JÚNIOR, Marcílio. O saber e o fazer pedagógicos da Educação Física na cultura escolar: o que é um componente curricular? In: CAPARRÓZ, Francisco E. (Org.). *Educação física escolar: política, investigação e intervenção*. Vitória, ES: Proteoria, 2001. v. 1. 214 p.

TANI, Go *et al. Educação física escolar: fundamentos de uma aborda-gem desenvolvimentista.* São Paulo, EPU/Edusp. 1988.

THOMPSON, John B. *Ideologia e cultura moderna: teoria social crí-tica na era dos meios de comunicação de massa.* 5. ed. Petrópolis: Vo-zes, 2000. 427 p.

TOSTA, Sandra de F. Pereira. *A missa e o culto vistos do lado de fora do altar.* São Paulo, 1999. 373 p. Tese (Doutorado) – Uni-versidade de São Paulo, São Paulo, 1999.

TRIVINOS, Augusto Nibaldo Silva. *Introdução à pesquisa em ciências sociais.* São Paulo: Atlas, 1987. 175 p.

TURNER, Victor. *O processo ritual.* Petrópolis: Vozes, 1974. 248 p.

VAGO, Tarcísio Mauro. *Das escrituras à escola pública: a educação física nas séries iniciais do 1º grau.* 1993. 252 f. Dissertação (Mes-trado em Educação) – Universidade Federal de Minas Gerais. Belo Horizonte, 1993.

VAGO, Tarcísio Mauro. *Rumos da educação física escolar: o que foi, o que é, o que poderia ser.* 1997. Digitado.

VAGO, Tarcísio Mauro. Intervenção e conhecimento na es-cola: por uma cultura escolar de educação física. In: COLÉ-GIO BRASILEIRO DE CIÊNCIAS DO ESPORTE (Org.). *Educação física/ciências do esporte: intervenção e conhecimento.* Florianó-polis: Colégio Brasileiro de Ciências do Esporte, 1999.

WERNECK, Christianne Luce Gomes. Educação física: no-vos olhares sobre o corpo. In: SOUZA, Eustáquia Salvadora; VAGO, Tarcício Mauro (Org.). *Trilhas e partilhas: Educação físi-ca na cultura escolar e nas práticas sociais.* Belo Horizonte: Cultura, 1997. 387 p.

Apêndice

Pontifícia Universidade Católica de Minas Gerais
Programa de Pós-graduação em Educação
Projeto de Pesquisa *Entre quadras, bolas e redes: um estudo de caso sobre o inCORPOrar de rituais no corpo feminino nas aulas de Educação Física do Ensino Médio em uma escola particular de Belo Horizonte-MG.*

Aluna: Vanessa Guilherme Souza
Orientadora: Prof.ª Dr.ª Sandra Pereira Tosta

Prezadas alunas,

Sou professora de Educação Física no Colégio Pitágoras e estou concluindo o Mestrado em Educação na Pontifícia Universidade Católica de Minas Gerais (PUC Minas) com a pesquisa *Entre quadras, bolas e apitos: um estudo de caso sobre a ritualização do corpo feminino de adolescentes do ensino médio em uma escola particular de Belo Horizonte-MG.*

Gostaria de contar com vocês como co-participantes desta pesquisa, respondendo a este questionário, de maneira que juntas possamos ampliar o campo de estudo sobre a ***ritualização*** do corpo feminino e entendermos um pouco mais sobre a questão da imagem corporal. Em outros termos, a pesquisa tem como objetivo principal analisar o corpo feminino na aula de Educação Física e descrever como os rituais se desenrolam nessa aula.

Para levar a efeito esta pesquisa, gostaria de contar com a colaboração de vocês no sentido de preencher cuidadosamente este questionário, sem se preocuparem com as expectativas quanto às respostas. A expectativa com que conto é que as respostas expressem o que vocês pensam, suas impressões, opiniões e sentimentos sobre as perguntas, para fins de estudo.

Cabe, ainda, destacar que, após o término da pesquisa e a defesa da dissertação, deixarei uma cópia com o professor Betinho, para conhecimento de todas as interessadas.

Finalizando, ressalto que a identificação nominal é opcional e os dados são confidenciais e, quando apresentados no relatório, os nomes serão fictícios. Saliento, também, que, caso as linhas ou espaços das respostas sejam insuficientes, vocês poderão completá-las no verso da página.

Desde já, agradeço-lhes a participação e a colaboração.

Vanessa Guilherme Souza

Belo Horizonte, junho de 2005

Nome (opcional): _____

Data: ____/____/____ Local: _____

Horário de início: _____

Horário de término: _____

PRIMEIRA PARTE – DADOS DE IDENTIFICAÇÃO PESSOAL

1.1. Qual é a sua idade?

a. Minha idade é: _____

1.2. Pertencimento étnico. Qual é a sua cor?

a. ( ) Amarela   d. ( ) Parda

b. ( ) Branca   e. ( ) Negra

c. ( ) Indígena

1.3. Estado civil:

a. ( ) Solteira   d. ( ) Separada

b. ( ) Casada   e. ( ) Outros. Especificar

1.4. Você tem filho (a) ?   a. ( ) Sim   b. ( ) Não. Em caso afirmativo, quantos? _____

1.5. Informe aproximadamente:

Seu peso: _____

Sua altura: _____

1.6. Local de nascimento:

Cidade: _____

Estado: _____

1.7. Bairro onde mora: _____

1.8. Freqüenta algum clube? ( ) Sim ( ) Não. Qual?_____

_____

1.9. Você se considera praticante de alguma(s) religião(ões)?
( ) Sim   ( ) Não
Em caso afirmativo, qual(is) a(s) sua(s) religião(ões)?_____

_____

Como você pratica/participa dessa(s)religião(ões)? _____

_____
_____

Seus pais trabalham fora?   ( ) Sim ( ) Não
Eles possuem carro próprio?   ( ) Sim ( ) Não
Quantos carros existem na sua casa?_____
Você mora em casa própria?   ( ) Sim ( ) Não

Aspectos acadêmico-escolares
Você sempre estudou nesta escola? Sim ( )   Não ( )

Desde que série você estuda nesta escola? _____

Em caso negativo, qual(is) escola(s) você já estudou? _____

_____

Você já repetiu alguma(as) série(s)? Sim ( )   Não ( )
Qual(is)? _____

Situação de trabalho
Você exerce alguma atividade remunerada? Sim ( ) Não ( )
Eventualmente ( )
Para Sim ou Eventualmente, responda qual(is). _____

_____

APÊNDICE 143

SEGUNDA PARTE – ASPECTOS CORPORAIS

2.1. Como você trata o seu corpo?

_____

_____

2.2. Em relação aos cuidados com o corpo:

a. ( ) Costumo ter cuidado c. ( ) Não tenho cuidados

b. ( ) Cuido eventualmente d. ( ) Outros. Especifique: _____

_____

_____

Justifique sua resposta: _____

_____

_____

2.3. Em relação à satisfação com o seu próprio corpo, você está:

a. ( ) Satisfeita. b. ( ) Insatisfeita. c. ( ) Indiferente.

Justifique sua resposta:

_____

_____

2.4. O que você gostaria de mudar em seu corpo para sentir mais satisfação?

_____

_____

2.5. O que seria necessário para você conseguir esta(s) mudança(s)?

_____

_____

2.6. Você pratica algum(ns) exercício(s) físico(s)?

a. ( ) Sim   b. ( ) Não

144 Coleção Cultura, Mídia e Escola

2.7. Em caso afirmativo, qual exercício físico? Preencha o quadro abaixo especificando o exercício realizado e assinale a freqüência com que o pratica.

Tipo de exercício	Diariamente	Semanalmente	Mensalmente	Bimestralmente	Trimestralmente
Ginásticas					
Caminhadas					
Musculação					
Hidroginástica					
Natação					
Vôlei					
Futebol					
Andar de bicicleta					
Capoeira					
Tai-Shi					
Yoga					

Outros. Especificar:

_____

_____

_____

2.8. Você já fez alguma(s) dieta(s): Sim ( ) Não ( ).

Com acompanhamento médico? Sim ( ) Não ( ).

Em caso negativo, diga qual foi a origem de sua dieta: ( ) Revista sobre dietas e corpo

( ) Programas de TV ( ) Em bate papo com amigas ( ) Por conta própria

Por que você fez dieta(s)?

_____

_____

_____

Você atingiu o resultado que esperava?

_____

_____

2.9. Como você sente ou como você vê a questão do corpo em relação a suas colegas?

_____

_____

_____

Para você o que é ou que significa (representa) corpo feminino?

_____

_____

_____

Indique três palavras que, para você, traduzem ou representam o que significa corpo feminino.

_____

_____

TERCEIRA PARTE – NA AULA DE EDUCAÇÃO FÍSICA

3.1. Você participa da aula de Educação Física?

a. ( ) Semanalmente   c. ( ) Mensalmente

b. ( ) Quinzenalmente   d. ( ) Quase nunca

Justifique sua resposta:

_____

_____

_____

3.2. Você gosta? Sim ( ) Não ( ) Mais ou menos ( )

Justifique sua resposta:

_____

_____

_____

146 Coleção Cultura, Mídia e Escola

3.3. Você acha importante a presença da disciplina Educação Física na grade curricular do Ensino Médio?

Sim ( ) Não ( )

Justifique sua resposta:

_____

_____

3.4. Qual (is) o (s) conteúdo (s) da Educação Física de que você gosta? Especifique e justifique

_____

_____

_____

3.5. Na sua trajetória de estudante, você sempre gostou de participar das aulas de Educação Física?

( ) Sim ( ) Não. Em caso negativo, especifique qual(is) período(s) não foi(foram) prazeroso(s).

_____

_____

_____

Por quê?_____

_____

_____

_____

3.6. Como você percebe/sente seu corpo nas aulas de Educação Física?

_____

_____

_____

3.7. Como você acha que dever ser um professor de Educação Física, quanto ä sua prática, para o Ensino Médio?

_____

_____

_____

3.8. Quais os conteúdos ele deve ensinar? Por quê?

_____

_____

_____

3.9. Você gosta do seu professor de Educação Física?
( ) Sim ( ) Não
Justifique sua resposta:

_____

_____

_____

Indique três palavras que, para você, traduzem ou representam o que significa aula de Educação Física.

_____

_____

_____

_____

QUARTA PARTE – OBSERVAÇÕES

4.1. Registre suas impressões e sentimentos em relação à temática desta pesquisa, ou seja, o corpo feminino de adolescentes do Ensino Médio na aula de Educação Física.

_____

_____

_____

_____

4.2. Registre suas impressões e sentimentos em relação a este questionário.

_____

_____

_____

QUALQUER LIVRO DO NOSSO CATÁLOGO NÃO ENCONTRADO NAS
LIVRARIAS PODE SER PEDIDO POR CARTA, FAX, TELEFONE OU PELA INTERNET.

Rua Aimorés, 981, 8° andar – Funcionários
Belo Horizonte-MG – CEP 30140-071

Tel: (31) 3222 6819
Fax: (31) 3224 6087
Televendas (gratuito): 0800 2831322

vendas@autenticaeditora.com.br
www.autenticaeditora.com.br

ESTE LIVRO FOI COMPOSTO COM TIPOGRAFIA BASKERVILLE
E IMPRESSO EM PAPEL OFF SET 75 G. NA SERMOGRAF ARTES GRÁFICAS.